SE 07
Curso
MAD360

*La diferencia entre aprobar
y sacar plaza*

Técnico Auxiliar en Emergencias Sanitarias/Conductor

SERVICIO MURCIANO DE SALUD

AF212143

Si aún no dispones de tu **Curso MAD360**, te ofrecemos un acceso GRATIS de 30 días para que disfrutes de los siguientes recursos:

- Técnicas de Memoria 360.
- MADTEST: Test *online* Nivel PRO.
- Temario en formato digital.
- Planificación de estudio.
- Foro entre opositores hasta la fecha del examen.*
- Recursos y novedades exclusivas.
- Consúltanos sobre tu oposición y proceso selectivo.
- Actualizaciones legislativas (Boletines Oficiales) hasta 60 días antes de la fecha del examen.*

Para acceder a esta prueba del Curso MAD360** será necesaria la compra de todos los libros para esta especialidad de la edición 2026.

Regístrate en **mad.es/iniciar-sesion** y en la pestaña MIS CURSOS valida los códigos que encuentras en la última página de tus libros.

NOTA IMPORTANTE:

* Examen de esta categoría profesional correspondiente a la convocatoria publicada en el BORM núm. 291, de 18 de diciembre de 2025, o hasta el 31 de marzo de 2027, lo que se cumpla antes, y previa renovación del servicio.

** El acceso al CURSO MAD360 estará disponible desde marzo de 2026 (algunos recursos podrían estar disponibles en fecha posterior). Tendrá una duración de 30 días RENOVABLES mediante pago, desde la validación de códigos, o hasta el 30 de septiembre de 2027, lo que se cumpla antes.

MAD se reserva el derecho a ampliar dichas fechas.

Técnico Auxiliar en Emergencias Sanitarias/ Conductor del Servicio Murciano de Salud

Marzo 2026

Técnico Auxiliar en Emergencias Sanitarias/ Conductor del Servicio Murciano de Salud

Test del temario

Autores

ANTONIO JAVIER HERNÁNDEZ CABALLERO
DOCENCIA ESPECIALIZADA
EMERGENCIAS, PROTECCIÓN CIVIL Y SANIDAD

JOSÉ LUIS GARRIDO VELA
LICENCIADO EN DERECHO

M.ª DEL CARMEN SILVA GARCÍA
DIPLOMADA UNIVERSITARIA EN ENFERMERÍA
TÉCNICA ESPECIALISTA DE LABORATORIO

JOSÉ LUIS PRIETO DELGADO
GRADUADO SUPERIOR EN INFORMÁTICA APLICADA
CELADOR DE INSTITUCIONES SANITARIAS

LIDIA PONCE MARTÍNEZ
LICENCIADA EN PSICOLOGÍA

© 7 Editores Recursos para la Cualificación Profesional y el Empleo, S.L. (7 Editores)
© Los autores
Primera edición, marzo 2026 (268 páginas)
Derechos de edición reservados a favor de 7 Editores
IMPRESO EN ESPAÑA
Diseño Portada: 7 Editores
Edita: 7 Editores
Avda. San Francisco Javier, 9 · Edificio Sevilla 2 · Planta 11 · Módulos 25-27 · 41018 Sevilla
Teléfono: 954 784 411 · WEB: www.mad.es · e-mail: administracion@7editores.com
ISBN: 979-13-702-8599-9
© "Editorial Mad" y "Eduforma" son nombres comerciales registrados de
7 Editores Recursos para la Cualificación Profesional y el Empleo, S.L.

Índice

TEST
PARTE COMÚN

TEST N.º 1

La Constitución Española: derechos y deberes fundamentales; la protección de la salud en la Constitución; las Cortes Generales; el Gobierno y la Administración; la organización territorial del Estado. El Estatuto de Autonomía de la Región de Murcia: la Asamblea Regional, el Presidente y el Consejo de Gobierno

1. El derecho a la propiedad en nuestra Constitución es un Derecho:

a) Inherente a la condición humana.
b) Absoluto.
c) Que está limitado por la función social de la misma.
d) Ninguna de las respuestas anteriores es correcta.

2. Dispone la Carta Magna que todos contribuirán al sostenimiento de los gastos públicos de acuerdo con su capacidad económica mediante un sistema tributario justo inspirado en los principios de:

a) Legalidad y equidad.
b) Igualdad y progresividad.
c) Publicidad y legalidad.
d) Eficacia y sostenibilidad.

3. En virtud del principio de progresividad tributaria:

a) Se implantarán paulatinamente cada vez mayores tributos.
b) Los tipos impositivos serán regresivos.
c) Prima el principio de igualdad en el pago de los tributos.
d) Nada de lo expuesto es cierto.

4. Según la Constitución, el Estado es:

a) Apolítico.
b) Aconfesional.

c) De bienestar social.
d) Federal.

5. El derecho a la vida se consagra en el siguiente artículo de la Constitución:

a) 10.
b) 16.
c) 15.
d) 24.

6. Las Cámaras se reúnen en sesiones:

a) Ordinarias y extraordinarias.
b) Simples o conjuntas.
c) Ordinarias, extraordinarias y conjuntas.
d) Ordinarias, extraordinarias y de urgencia.

7. Para adoptar acuerdos, las Cámaras deben estar reunidas reglamentariamente y con asistencia de la mayoría de sus miembros. Dichos acuerdos, para ser válidos, deberán ser aprobados:

a) Por la mayoría de los miembros presentes.
b) Por mayoría absoluta de sus miembros.
c) Por los 3/5 de cada una de las Cámaras.
d) Por los 2/3 del conjunto de las Cámaras.

8. ¿En qué plazo deberá ser convocado el Congreso electo tras la celebración de elecciones?

a) Entre los 30 y 60 días siguientes.
b) Dentro de los 25 días siguientes.
c) Entre los 10 y 30 días siguientes.
d) Dentro de los 30 días siguientes.

9. En las causas contra Diputados y Senadores será competente:

a) La Sala de lo Civil del Tribunal Supremo.
b) La Sala de lo Social del Tribunal Supremo.
c) La Sala de lo Contencioso-Administrativo del Tribunal Supremo.
d) La Sala de lo Penal del Tribunal Supremo.

10. Las Diputaciones Permanentes estarán presididas por:

a) El diputado de mayor edad.
b) El diputado del grupo parlamentario más numeroso.

c) El Presidente del Gobierno.
d) El Presidente de la Cámara respectiva.

11. El Estatuto de Autonomía de la Región de Murcia fue aprobado a través de la Ley:

a) Ley Orgánica 4/1982, de 9 de junio.
b) Ley Orgánica 2/1984, de 6 de septiembre.
c) Ley Orgánica 4/1984, de 6 de junio.
d) Ley Orgánica 2/1982, de 9 de septiembre.

12. ¿De cuántos artículos consta el Estatuto de Autonomía de la Región de Murcia?

a) 45 artículos.
b) 55 artículos.
c) 69 artículos.
d) 82 artículos.

13. ¿Qué título del Estatuto de Autonomía de la Región de Murcia se refiere a los órganos institucionales?

a) Título Preliminar.
b) Título I.
c) Título II.
d) Título III.

14. Según el artículo 2 del Estatuto de Autonomía de la Región de Murcia, los poderes de la Comunidad Autónoma emanan de la Constitución, del Estatuto de Autonomía, y de:

a) El pueblo.
b) La Asamblea Regional.
c) Las leyes.
d) El Tratado de la Unión Europea.

15. La Comunidad Autónoma de Murcia se organiza territorialmente en:

a) Municipios.
b) Municipios y comarcas.
c) Municipios y mancomunidades.
d) Entidades locales e institucionales.

16. La sede de la Asamblea Regional de Murcia está en la ciudad de:

a) Murcia.
b) Lorca.

c) San Javier.
d) Cartagena.

17. La Comunidad Autónoma de Murcia tiene la competencia exclusiva en materia de:

a) Régimen minero y energético.
b) Ordenación del sector pesquero.
c) Propiedad industrial.
d) Espectáculos públicos.

18. Según el artículo 19 del Estatuto de Autonomía, ¿puede la Región de Murcia establecer acuerdos de cooperación con otras Comunidades Autónomas?

a) Solo con las Comunidades Autónomas limítrofes, previa autorización de las Cortes Generales.
b) No, en ningún caso.
c) Sí, en cualquier caso, previa comunicación a las Cortes.
d) Sí, previa autorización de las Cortes Generales.

19. Según el artículo 23 del Estatuto de Autonomía, compete a la Asamblea Regional:

a) La formulación de proyectos de ley.
b) Nombrar al Presidente de la Comunidad Autónoma.
c) Interponer el recurso de inconstitucionalidad, contra leyes, disposiciones o actos con fuerza de ley del Estado que puedan afectar al ámbito de Autonomía para la Región.
d) Elaborar la Cuenta General de la Comunidad Autónoma.

20. La Asamblea Regional fijará por ley el número de sus miembros, que no será inferior a cuarenta y cinco diputados regionales ni superior a:

a) 50.
b) 55.
c) 60.
d) 65.

En MADTEST tienes **más preguntas de este tema**, y todos tus avances quedan registrados y se reflejan en el ranking.

¡Supera tus límites con MADTEST!

Solución al test n.º 1

1. c) Que está limitado por la función social de la misma.

2. b) Igualdad y progresividad.

3. d) Nada de lo expuesto es cierto.

4. b) Aconfesional.

5. c) 15.

6. c) Ordinarias, Extraordinarias y Conjuntas.

7. a) Por la mayoría de los miembros presentes.

8. b) Dentro de los 25 días siguientes.

9. d) La Sala de lo Penal del Tribunal Supremo.

10. d) El Presidente de la Cámara respectiva.

11. a) Ley Orgánica 4/1982, de 9 de junio.

12. b) 55 artículos.

13. c) Título II.

14. a) El pueblo.

15. b) Municipios y comarcas.

16. d) Cartagena.

17. d) Espectáculos públicos.

18. d) Sí, previa autorización de las Cortes Generales.

19. c) Interponer el recurso de inconstitucionalidad, contra leyes, disposiciones o actos con fuerza de ley del Estado que puedan afectar al ámbito de Autonomía para la Región.

20. b) 55.

TEST N.º 2

La Ley 14/1986, de 25 de abril, General de Sanidad: la organización general del sistema sanitario público; los servicios de salud de las comunidades autónomas; las áreas de salud. La Ley 4/1994, de 26 de julio, de Salud de la Región de Murcia: el mapa sanitario regional. El Servicio Murciano de Salud: órganos de dirección, participación y gestión

1. ¿Cómo se denomina el órgano de participación de las Áreas de Salud?

a) Consejo de salud de área.
b) Consejo de dirección de área.
c) Comisión de salud del área.
d) Comité de Participación del Área de Salud.

2. La universalización de la atención sanitaria pretendido por la Ley General de Sanidad comprende:

a) La equidad en el acceso a los servicios.
b) La regionalización sanitaria.
c) La descentralización en la gestión de los recursos sanitarios.
d) La cobertura sanitaria de la totalidad de la población.

3. La Ley 14/1986 de 25 de abril, General de Sanidad, se estructura en:

a) Un Título Preliminar, siete Títulos, diez Disposiciones Adicionales, seis Disposiciones Transitorias, dos Disposiciones Derogatorias y dieciséis Disposiciones Finales.
b) Un Título Preliminar, seis Títulos, diez Disposiciones Adicionales, siete Disposiciones Transitorias, dos Disposiciones Derogatorias y dieciséis Disposiciones Finales.
c) Un Título Preliminar, siete Títulos, diez Disposiciones Adicionales, siete Disposiciones Transitorias, tres Disposiciones Derogatorias y dieciséis Disposiciones Finales.
d) Un Título Preliminar, siete Títulos, diez Disposiciones Adicionales, seis Disposiciones Transitorias, tres Disposiciones Derogatorias y dieciséis Disposiciones Finales.

4. Los subsistemas sanitarios autonómicos se integran en:

a) El Sistema Nacional de Salud.
b) El Sistema Interterritorial de Salud.
c) El Centro de Coordinación Sanitaria
d) Todas las respuestas anteriores son falsas.

5. La Ley 14/1986, de 25 de abril, General de Sanidad, establece que las piezas básicas de los Servicios de Salud de las Comunidades Autónomas son:

a) Las Áreas de Salud.
b) Los Distritos Sanitarios.
c) Las Comarcas Sanitarias.
d) Las Zonas de Salud.

6. La Ley 14/1986, de 25 de abril, General de Sanidad, tiene como objeto la regulación general de todas las acciones que permitan hacer efectivo el derecho a la protección de la salud reconocido en el artículo:

a) 15 de la Constitución Española.
b) 19 de la Constitución Española.
c) 33 de la Constitución Española.
d) 43 de la Constitución Española.

7. Las Áreas de Salud se delimitan teniendo en cuenta factores:

a) Climatológicos y de dotación de vías y medios de comunicación.
b) Geográficos y demográficos.
c) Socioeconómicos y culturales.
d) Todas las respuestas son correctas.

8. Como regla general el área de salud extenderá su acción a una población:

a) No inferior a 100.000 habitantes ni superior a 150.000.
b) No inferior a 200.000 habitantes ni superior a 250.000.
c) No inferior a 250.000 habitantes ni superior a 300.000.
d) No inferior a 300.000 habitantes ni superior a 500.000.

9. ¿Qué Comunidades Autónomas y/o Ciudades Autónomas se exceptúan de la regla que hemos visto en la pregunta anterior, pudiéndose acomodar a sus específicas peculiaridades?

a) Baleares, Ceuta y Melilla.
b) Baleares y Canarias.
c) Canarias, Ceuta y Melilla.
d) Baleares, Canarias, Ceuta y Melilla.

10. Según dispone al artículo 56.5 LGS, cada provincia tendrá, en todo caso y como mínimo:

a) Un área de salud.
b) Dos áreas de salud.
c) Tres áreas de salud.
d) Cuatro áreas de salud.

11. Es objeto de la Ley 4/1994, de 26 de julio, de Salud de la Región de Murcia:

a) La igualdad efectiva y corrección de los desequilibrios territoriales y sociales en las condiciones de acceso a los servicios sanitarios.
b) La regulación de todas las acciones que permitan hacer efectivos el derecho a la protección de la salud.
c) La mejora continuada de la calidad de la asistencia sanitaria.
d) El respeto y el reconocimiento de los derechos de los usuarios.

12. La universalización de la asistencia sanitaria para todos los residentes de derecho o de hecho en la Región de Murcia es:

a) El objeto de la Ley autonómica de Salud.
b) Un ideal inalcanzable.
c) Un principio informador de los servicios sanitarios autonómicos.
d) Un derecho contrario a la Constitución española.

13. El Plan de Salud es:

a) La expresión de la política de salud a desarrollar por las Administraciones Públicas en Murcia.
b) El documento que integra los presupuestos del Servicio Murciano de Salud.
c) El mapa que contiene las demarcaciones sanitarias de la Región de Murcia.
d) El pliego de derechos y deberes de los usuarios del sistema sanitario murciano.

14. Las demarcaciones territoriales en las que se ordena el mapa sanitario de la Región de Murcia se denominan:

a) Zonas básicas de salud.
b) Áreas de Salud.
c) Comarcas Sanitarias.
d) Distritos Sanitarios.

15. El órgano superior de gobierno del Área de Salud es:

a) El Gerente de Área.
b) El Consejo de Administración.
c) El Consejo de Salud de Área.
d) El Consejo de dirección.

16. El Presidente del Consejo de Dirección del Área de Salud en la Región de Murcia es:

a) El Director del Área.
b) El Director Gerente del Servicio de Salud.
c) El Consejero competente en materia de sanidad.
d) El Delegado de Salud y Consumo.

17. El marco territorial de la atención primaria de salud, dentro del cual desarrollará su actividad el equipo de atención primaria, es:

a) El Área de Salud.
b) La Zona básica de salud.
c) El Centro de Salud.
d) El Distrito Sanitario.

18. ¿Qué órgano administrativo de la Región de Murcia tiene como finalidad la ejecución de las competencias de administración y gestión de servicios, prestaciones y programas sanitarios que le sean atribuidas?

a) Área de Salud.
b) Servicio Murciano de Salud.
c) Consejería de Salud.
d) Zona básica de Salud.

19. Indica cuál de los siguientes es un órgano central del Servicio Murciano de Salud:

a) El Director Gerente.
b) El Consejo de Dirección.
c) El Consejo de Participación.
d) El Interventor Gerente.

20. ¿Cuál es el máximo órgano de dirección y administración del Servicio Murciano de Salud?

a) El Consejo de Dirección.
b) El Consejo de Administración.
c) El Consejo de Salud de la Región de Murcia.
d) La consejería competente en materia de sanidad.

En MADTEST tienes **más preguntas de este tema,** y todos tus avances quedan registrados y se reflejan en el ranking.

¡Supera tus límites con MADTEST!

Solución al test n.º 2

1. a) Consejo de salud de área.

2. d) 116.

3. a) Un Título Preliminar, siete Títulos, diez Disposiciones Adicionales, seis Disposiciones Transitorias, dos Disposiciones Derogatorias y dieciséis Disposiciones Finales.

4. a) El Sistema Nacional de Salud.

5. a) Las Áreas de Salud.

6. d) 43 de la Constitución Española.

7. d) Todas las respuestas son correctas.

8. b) No inferior a 200.000 habitantes ni superior a 250.000.

9. d) Baleares, Canarias, Ceuta y Melilla.

10. a) Un área de salud.

11. b) La regulación de todas las acciones que permitan hacer efectivos el derecho a la protección de la salud.

12. c) Un principio informador de los servicios sanitarios autonómicos.

13. a) La expresión de la política de salud a desarrollar por las Administraciones Públicas en Murcia.

14. b) Área de Salud.

15. d) El Consejo de dirección.

16. d) El Delegado de Salud y Consumo.

17. b) La Zona básica de salud.

18. b) Servicio Murciano de Salud.

19. a) El Director Gerente.

20. b) El Consejo de Administración.

TEST N.º 3

Ley 3/2009, de 11 de mayo, de los derechos y deberes de los usuarios del Sistema Sanitario de la Región de Murcia: derechos de intimidad, confidencialidad, información asistencial y epidemiológica; derechos relativos a la autonomía de la decisión; la historia clínica; deberes

1. Para la promoción y defensa de los derechos y deberes contenidos en la Ley 3/2009, de 11 de mayo, de los Derechos y Deberes de los Usuarios del Sistema Sanitario de la Región de Murcia, la Consejería competente en materia de Sanidad desarrollará diferentes líneas de actuación y protección que favorezcan su garantía. Señala cuál de las siguientes no es correcta:

a) Calidad de los servicios sanitarios.
b) Régimen sancionador.
c) Ética asistencial.
d) Inversión tecnológica.

2. Entre los principios rectores que deben informar e inspirar el conjunto de actuaciones destinadas a los usuarios y pacientes en el ámbito de la salud y servir de criterio de interpretación en la aplicación y desarrollo de la Ley 3/2009, se encuentra el derecho a recibir un trato humano, respetuoso y adecuado a sus condiciones personales y …………..

a) Psicológicas.
b) Ambientales.
c) De comprensión.
d) Colectivas.

3. Los ciudadanos tienen derecho a salvaguardar su privacidad e intimidad en el ámbito de las actuaciones sanitarias. En este sentido, las atenciones sanitarias que se presten en los centros sanitarios, tales como, exploraciones, actividades de higiene o de cuidado personal, deben procurar el respeto de la persona y de su ………………….…..

a) Intimidad corporal.
b) Reputación.

c) Religión.
d) Entorno más cercano.

4. Según el artículo 24 de la Ley 3/2009, de 11 de mayo, de los derechos y deberes de los usuarios del sistema sanitario de la Región de Murcia, los datos relativos a la salud de las personas tienen carácter:

a) Anónimo.
b) Público.
c) Confidencial.
d) Personal.

5. De conformidad con el artículo 28.2 de la Ley 3/2009, todas aquellas personas que, por razón de sus funciones, tengan acceso a información confidencial, están obligadas:

a) A prestar juramento de protección de datos.
b) A superar pruebas psicológicas periódicamente.
c) A la declaración de transparencia.
d) Al secreto profesional.

6. Según el artículo 31.1 de la Ley 3/2009, ¿quién es el titular del derecho a la información asistencial?

a) El Facultativo.
b) El Centro.
c) La Consejería de Sanidad.
d) El paciente.

7. Según el artículo 31.3 de la Ley 3/2009, los menores recibirán la información asistencial adaptada a su grado de madurez y, en todo caso, se informará a los mayores de (a partir de):

a) 12 años.
b) 14 años.
c) 15 años.
d) 16 años.

8. Con carácter general, el consentimiento informado será:

a) Por escrito.
b) Grabado en vídeo.
c) Verbal.
d) Grabado en audio.

9. Según la Orden de 26 de julio de 2005 de la Consejería de Sanidad, sobre sugerencias, reclamaciones, quejas y agradecimientos formuladas por los usuarios de los servicios sanitarios, ¿cuál no es correcta?

a) Se podrán presentar sugerencias, reclamaciones, quejas y agradecimientos en relación con todos los centros sanitarios públicos y los privados.

b) Las reclamaciones relativas al alta médica de incapacidad temporal se tramitarán conforme a su regulación específica.

c) Las sugerencias, quejas o reclamaciones no tienen la naturaleza jurídica de recursos administrativo.

d) Se podrán presentar sugerencias, reclamaciones, quejas y agradecimientos en relación con las actuaciones de los profesionales sanitarios o no que presten servicios en Centros sanitarios públicos.

10. Los pacientes menores de edad y disminuidos, según la Ley 3/2009 de 11 de mayo de los Derechos y Deberes de los Usuarios del Sistema Sanitario de la Región de Murcia:

a) Tienen derecho a estar acompañados por, al menos un familiar o persona de confianza.

b) Recibir información adaptada a su grado de madurez y en todo caso se informará a los mayores de 12 años.

c) Los mayores de 16 años son los titulares del derecho a la información.

d) Todas las respuestas son correctas.

11. Según la Ley 3/2009, los usuarios del sistema de salud de la Región de Murcia tienen la obligación de facilitar a los profesionales sanitarios los datos sobre su estado físico o sobre su salud de manera:

a) Leal y verdadera.

b) Clara y concisa.

c) Detallada y documentada.

d) Segura y auténtica.

12. Según el artículo 11.1 de la Ley 3/2009, los usuarios del sistema de salud de la Región de Murcia tienen el derecho a recibir las prestaciones sanitarias con las garantías de:

a) Confidencialidad y secreto profesional.

b) Seguridad y calidad.

c) Modernidad y bienestar.

d) Responsabilidad y compromiso.

13. Según el artículo 5 del Decreto 25/2006, de 31 de marzo, por el que se desarrolla la normativa básica estatal en materia de información sobre listas de espera y se establecen las medidas necesarias para garantizar un tiempo máximo de acceso a las prestaciones del sistema sanitario público de la Región de Murcia, el plazo máximo para el acceso a primeras consultas externas es de:

a) 20 días naturales.
b) 30 días naturales.
c) 50 días naturales.
d) 80 días naturales.

14. Se definen como todas aquellas propuestas que tengan por finalidad promover la mejora del grado de cumplimiento y observación de los derechos y deberes de los usuarios, del funcionamiento, organización y estructura de los centros, servicios o establecimientos sanitarios, del cuidado y atención a los usuarios y en general, de cualquier otra medida que suponga una mejora en la calidad o un mayor grado de satisfacción de las personas en sus relaciones con los centros, servicios o establecimientos:

a) Las sugerencias.
b) Las reclamaciones.
c) Los recursos
d) Las peticiones.

15. De conformidad con el artículo 33 de la Ley 3/2009, ¿qué derecho se estableció como garantía del cumplimiento del derecho a conocer, con motivo de cualquier actuación en el ámbito de su salud, toda la información disponible sobre la misma?

a) Derecho a que se le asigne un médico, cuyo nombre se le dará a conocer, que será su interlocutor principal con el equipo asistencial.
b) Derecho a participar, a través de las instituciones comunitarias, en las actividades sanitarias.
c) Derecho a ser advertido de si los procedimientos de pronóstico, diagnóstico y terapéuticos que se le apliquen pueden ser utilizados en función de un proyecto docente o de investigación, que, en ningún caso, podrá comportar peligro adicional para su salud.
d) Derecho al respeto a su personalidad, dignidad humana e intimidad, sin que pueda ser discriminado por su origen racial o étnico, por razón de género y orientación sexual, de discapacidad o de cualquier otra circunstancia personal o social.

16. Los usuarios del sistema sanitario público de la Región de Murcia, de conformidad con lo dispuesto en la Ley 3/2009 y en las normas de desarrollo, tienen reconocidos en materia de atención y asistencia sanitaria el derecho a participar en la toma de decisiones terapéuticas que afecten a su persona, especialmente ante situaciones en las que existan diferentes alternativas de tratamiento basadas en la evidencia científica, de manera:

a) Programada.
b) Decisiva.

c) Activa e informada.
d) Presencial y colaborativa.

17. Conforme a la Ley 3/2009, se reconoce en particular a los recién nacidos el derecho a la identidad sanitaria desde el momento de su nacimiento, como sujetos de la asistencia:

a) Salvo por razones médicamente justificadas.
b) Salvo si hay sospecha de que no supere las 48 horas de vida.
c) Cuando la madre está en situación de riesgo de exclusión social.
d) Con apertura de historia clínica.

18. ¿Cuál es el máximo órgano consultivo y de participación ciudadana de la sanidad pública en la Región de Murcia?

a) El Consejo de Salud de la Región de Murcia.
b) La Plataforma Ciudadana de usuarios del sistema de salud de la Región de Murcia.
c) La Comisión Asesora del Servicio Murciano de Salud.
d) El Consejo Consultivo Sanitario de la Región de Murcia.

19. El documento de instrucciones previas se formalizará por escrito, mediante los siguientes procedimientos. Señalar la opción incorrecta:

a) Ante Notario.
b) Ante tres testigos mayores de edad con plena capacidad de obrar.
c) Ante funcionario o empleado público encargado del Registro de Instrucciones Previas de la Región de Murcia.
d) Ante el Facultativo que tenga asignado en Atención Primaria.

20. ¿Cuál es la finalidad esencial de la historia clínica según el texto?

a) Servir como documento legal ante posibles reclamaciones.
b) Facilitar la continuidad administrativa del paciente.
c) Facilitar en cada momento la asistencia sanitaria del paciente.
d) Registrar exclusivamente los actos médicos realizados.

En MADTEST tienes **más preguntas de este tema**, y todos tus avances quedan registrados y se reflejan en el ranking.

¡Supera tus límites con MADTEST!

Solución al test n.º 3

1. d) Inversión tecnológica.

2. c) De comprensión.

3. a) Intimidad corporal.

4. c) Confidencial.

5. d) Al secreto profesional.

6. d) El paciente.

7. a) 12 años.

8. c) Verbal.

9. a) Se podrán presentar sugerencias, reclamaciones, quejas y agradecimientos en relación con todos los centros sanitarios públicos y los privados.

10. d) Todas las respuestas son correctas.

11. a) Leal y verdadera.

12. b) Seguridad y calidad.

13. c) 50 días naturales.

14. a) Las sugerencias.

15. a) Derecho a que se le asigne un médico, cuyo nombre se le dará a conocer, que será su interlocutor principal con el equipo asistencial.

16. c) Activa e informada.

17. d) Con apertura de historia clínica.

18. a) El Consejo de Salud de la Región de Murcia.

19. d) Ante el Facultativo que tenga asignado en Atención Primaria.

20. c) Facilitar en cada momento la asistencia sanitaria del paciente.

TEST N.º 4

Clasificación del personal, situaciones administrativas e incompatibilidades en la Ley 5/2001, de 5 de diciembre, de personal estatutario del Servicio Murciano de Salud, la Ley 55/2003, de 16 de diciembre, del Estatuto Marco del personal estatutario de los Servicios de Salud y el Real Decreto Legislativo 5/2015, de 30 de octubre, por el que se aprueba el texto refundido del Estatuto Básico del Empleado Público. Derechos, deberes y régimen disciplinario en la Ley 55/2003, de 16 de diciembre

1. La Ley 5/2001 regula específicamente:

a) El régimen jurídico de todo el personal del Servicio Murciano de Salud.
b) La relación funcionarial del personal sanitario dependiente de la Comunidad Autónoma.
c) El estatuto básico del personal sanitario del Sistema Nacional de Salud.
d) La relación estatutaria especial del personal estatutario como parte de la función pública regional.

2. ¿Cuál de los siguientes colectivos queda expresamente excluido del ámbito de aplicación de la Ley 5/2001?

a) El personal funcionario adscrito al Servicio Murciano de Salud.
b) El personal eventual del Servicio Murciano de Salud.
c) El personal estatutario temporal.
d) El personal estatutario en formación especializada.

3. El principio de inamovilidad en la relación de servicio del personal estatutario se configura principalmente como garantía de:

a) La estabilidad presupuestaria.
b) La profesionalización del acceso al empleo público.
c) La independencia en la prestación de servicios.
d) La carrera profesional horizontal.

4. Como garantía de la independencia en la prestación de servicios, la ordenación del régimen del personal estatutario del Servicio Murciano de Salud se somete al principio de:

a) Igualdad, mérito, capacidad y publicidad.
b) Incompatibilidad y objetividad en el ejercicio profesional.
c) Libre circulación del personal estatutario fijo.
d) Inamovilidad en la relación de servicio.

5. El Estatuto Marco del Personal Estatutario de los Servicios de Salud es aplicable:

a) Al personal estatutario y funcionario que desempeñe su función en los centros e instituciones sanitarias de los Servicios de Salud de las Comunidades Autónomas.
b) Al personal estatutario que desempeñe su función en los centros e instituciones sanitarias de los Servicios de Salud de la Comunidades Autónomas o en los centros y servicios sanitarios de la Administración General del Estado.
c) Al personal estatutario, funcionario y laboral que preste servicios en los centros e instituciones sanitarias de las Comunidades Autónomas.
d) Al personal estatutario que preste servicios en centros e instituciones sanitarias de la Administración del Estado, únicamente.

6. Son principios y criterios por los que se rige la ordenación del Régimen del Personal Estatutario:

a) Sometimiento pleno a la ley y al derecho.
b) Libre circulación del personal estatutario en el conjunto del Sistema Nacional de Salud.
c) Planificación eficiente de las necesidades de recursos y programación periódica de las convocatorias.
d) Los tres anteriores lo son.

7. Es personal Estatutario Sanitario:

a) El que ejerce una profesión o especialidad sanitaria.
b) El que ostenta esta condición en virtud de nombramiento expedido para el ejercicio de una profesión o especialización sanitaria.
c) El que desempeña una categoría clasificada como sanitaria.
d) Quien ejerza una profesión sanitaria sin ostentar la condición de funcionario.

8. El personal Estatutario de Gestión y Servicio se clasifica en función del título exigido para el ingreso en:

a) Personal de formación universitaria, personal de formación personal y otro personal.
b) Personal universitario, personal de formación profesional y personal subalterno.
c) Personal licenciado universitario, personal de administración y personal auxiliar.
d) Ninguna es correcta.

9. ¿Quién se encargará de aprobar la oferta de empleo público del Servicio Murciano de Salud?

a) El Consejo de Dirección.
b) El Consejo de Administración.
c) El Consejo de Gobierno.
d) El Director Gerente del Servicio Murciano de Salud.

10. Basándonos en el artículo 8 del Texto Refundido de la Ley del Estatuto Básico del Empleado Público, no es una clase de empleado público:

a) Funcionario de carrera.
b) Personal laboral.
c) Funcionario interino.
d) Funcionario eventual.

11. Los funcionarios de carrera son aquellos quienes, en virtud de nombramiento legal, están vinculados a una Administración Pública por una relación estatutaria regulada por:

a) El Derecho Laboral.
b) El Derecho Administrativo.
c) El Derecho Civil.
d) El Derecho Constitucional.

12. Pueden nombrarse funcionarios interinos para la ejecución de programas de carácter temporal, que no podrán tener una duración:

a) Inferior a 12 meses ni superior a 3 años.
b) Inferior a 3 años.
c) Superior a 3 años, ampliables hasta 12 meses más por las leyes de Función Pública que se dicten en desarrollo del EBEP.
d) Superior a 12 meses, prorrogables hasta 3 meses más.

13. Conforme al artículo 6.2 de la Ley 55/2003, de 16 de diciembre, del Estatuto Marco del personal estatutario de los servicios de salud, atendiendo al nivel académico del título exigido para el ingreso, el personal estatutario sanitario de formación profesional se divide en:

a) Técnicos sanitarios y Auxiliares de Enfermería.
b) Técnicos superiores y Técnicos.
c) Técnicos superiores y Técnicos de gestión.
d) Técnicos especialistas y Técnicos.

14. De los siguientes, indique cuál no es un principio rector del régimen del personal estatutario según la Ley 5/2001, de 5 de diciembre, de personal estatutario del Servicio Murciano de Salud:

a) Sometimiento pleno a la ley y al Derecho.

b) Igualdad, mérito, capacidad y publicidad en el acceso a la condición de personal estatutario.

c) Inamovilidad en la relación de servicio, como garantía de la independencia en la prestación de servicios.

d) Libre circulación del personal estatutario fijo y temporal en los términos que establezca la normativa básica estatal.

15. Para el ingreso en el subgrupo C1 de las categorías de personal estatutario, se exige la titulación:

a) De graduado en educación secundaria obligatoria.

b) De bachiller o técnico.

c) De técnico superior.

d) De certificado de escolaridad.

16. En relación con las incompatibilidades del personal estatutario, no es cierto que:

a) Será compatible el disfrute de becas y ayudas de ampliación de estudios concedidas en régimen de concurrencia competitiva al amparo de programas oficiales de formación y perfeccionamiento del personal, siempre que para participar en tales acciones se requiera la previa propuesta favorable del Servicio de Salud en el que se esté destinado y que las bases de la convocatoria no establezcan lo contrario.

b) La percepción de pensión de jubilación por un régimen público de Seguridad Social será incompatible con la situación del personal emérito.

c) Las retribuciones del personal emérito, sumadas a su pensión de jubilación, no podrán superar las retribuciones que el interesado percibía antes de su jubilación, consideradas, todas ellas, en cómputo anual.

d) La percepción de pensión de jubilación parcial será compatible con las retribuciones derivadas de una actividad a tiempo parcial.

17. No constituye un derecho individual del personal estatutario:

a) La estabilidad en el empleo.

b) La movilidad voluntaria.

c) El descanso necesario.

d) La negociación colectiva.

18. El régimen de derechos del personal estatutario será aplicable al personal temporal:

a) En la medida en que la naturaleza del derecho lo permita.
b) En todo caso.
c) En ningún caso.
d) Solo cuando así se establezca en su nombramiento.

19. De conformidad con la Ley 5/2001, el periodo máximo de permanencia en la situación de expectativa de destino es de:

a) Seis meses.
b) Un año.
c) Dos años.
d) Tres años.

20. El incumplimiento de las obligaciones inherentes a la excedencia forzosa puede determinar:

a) La apertura automática de expediente disciplinario.
b) El pase a la situación de servicios especiales.
c) La pérdida definitiva de la plaza.
d) El pase a la excedencia voluntaria por interés particular.

En MADTEST tienes **más preguntas de este tema**, y todos tus avances quedan registrados y se reflejan en el ranking.

¡Supera tus límites con MADTEST!

Solución al test n.º 4

1. d) La relación estatutaria especial del personal estatutario como parte de la función pública regional.

2. a) El personal funcionario adscrito al Servicio Murciano de Salud.

3. c) La independencia en la prestación de servicios.

4. d) Inamovilidad en la relación de servicio.

5. b) Al personal estatutario que desempeñe su función en los centros e instituciones sanitarias de los Servicios de Salud de la Comunidades Autónomas o en los centros y servicios sanitarios de la Administración General del Estado.

6. d) Los tres anteriores lo son.

7. b) El que ostenta esta condición en virtud de nombramiento expedido para el ejercicio de una profesión o especialización sanitaria.

8. a) Personal de formación universitaria, personal de formación personal y otro personal.

9. b) El Consejo de Administración.

10. d) Funcionario eventual.

11. b) El derecho administrativo.

12. c) Superior a 3 años, ampliables hasta 12 meses más por las leyes de Función Pública que se dicten en desarrollo del EBEP.

13. b) Técnicos superiores y Técnicos.

14. d) Libre circulación del personal estatutario fijo y temporal en los términos que establezca la normativa básica estatal.

15. b) De bachiller o técnico.

16. b) La percepción de pensión de jubilación por un régimen público de Seguridad Social será incompatible con la situación del personal emérito.

17. d) La negociación colectiva.

18. a) En la medida en que la naturaleza del derecho lo permita.

19. b) Un año.

20. d) El pase a la excedencia voluntaria por interés particular.

TEST N.º 5

Ley 31/1995, de 8 de noviembre, de prevención de Riesgos Laborales: objeto, ámbito de aplicación y definiciones. Derechos y obligaciones. Servicios de prevención: concepto y funciones. Riesgos laborales: tipos. Definición de Seguridad en el Trabajo, Higiene Industrial, Ergonomía y Psicosociología. Normas generales de actuación en supuestos de riesgo. Precauciones universales: vacunación, higiene personal, equipos de protección, precaución objetos cortantes y punzantes, esterilización y desinfección

1.¿Qué se entiende por "riesgo laboral"?

a) La posibilidad de que un trabajador sufra un determinado daño derivado del trabajo.

b) La posibilidad de que un trabajador sufra una enfermedad en el trabajo.

c) La posibilidad de que un trabajador sufra acoso.

d) El riesgo que supone el ir a trabajar.

2. Indica cuál es la definición de prevención:

a) La probabilidad racional de que un riesgo se materialice de forma inminente.

b) El estudio de los procesos potencialmente peligrosos para el trabajo.

c) Conjunto de actividades o medidas adoptadas o previstas en todas las fases de actividad de la empresa con el fin de evitar o disminuir los riesgos derivados del trabajo.

d) Posibilidad de que un trabajador sufra un determinado daño derivado del trabajo.

3. Según establece el art. 4 de la Ley 31/1995, de 8 de noviembre, de Prevención de Riesgos Laborales, se define como daños derivados del trabajo.

a) La posibilidad de que un trabajador sufra un determinado daño derivado del trabajo.

b) El que resulte probable racionalmente que se materialice en un futuro inmediato y pueda suponer y pueda suponer un daño grave para la salud de los trabajadores.

41

c) Las enfermedades, patologías o lesiones sufridas con motivo u ocasión del trabajo.

d) Cualquier máquina, aparato, instrumento o instalación utilizada en el trabajo.

4. Se considera como "condición de trabajo":

a) Cualquier característica del trabajo que pueda tener una influencia significativa en la generación de riesgos para la seguridad y la salud del trabajador, quedando excluidas las características generales de los locales e instalaciones, existentes en el centro de trabajo.

b) La naturaleza de los agentes físicos, químicos y biológicos presentes en el ambiente de trabajo y sus correspondientes intensidades, concentraciones o niveles de presencia además de las instalaciones, incluidas las características organizativas del trabajo.

c) Todas aquellas características del trabajo, excluidas las relativas a su organización y ordenación, que influyan en la magnitud de los riesgos a que esté expuesto el trabajador.

d) Todas son correctas.

5. Para calificar un riesgo desde el punto de vista de su gravedad, se valorarán conjuntamente la severidad del daño y:

a) La probabilidad de que se produzca.

b) La cantidad de trabajadores de la empresa.

c) La existencia o no de equipos individuales de protección.

d) Las condiciones de trabajo.

6. Según recoge el artículo 4 de la Ley 31/1995, quedan específicamente incluidas en la definición de condición de trabajo:

a) Las características particulares de los locales, instalaciones, equipos, productos y demás útiles existentes en el centro de trabajo.

b) La naturaleza de los agentes físicos, químicos y biológicos presentes en el ambiente de trabajo y sus correspondientes intensidades, concentraciones o niveles de presencia.

c) Los procedimientos para la utilización de los agentes citados anteriormente que no influyan en la generación de los riesgos mencionados.

d) Todas aquellas otras características del trabajo, excluidas las relativas a su organización y ordenación, que influyan en la magnitud de los riesgos a que esté expuesto el trabajador.

7. El derecho básico reconocido a los trabajadores por la Ley 31/1995, de 8 de noviembre, es:

a) La vigilancia de su estado de salud.

b) Una protección eficaz en materia de seguridad y salud en el trabajo.

c) La formación en materia preventiva.

d) La información, consulta y participación de los trabajadores.

8. Entre los principios de la acción preventiva recogidos por el artículo 15 de la Ley de Prevención de Riesgos Laborales, no figura:

a) Evitar los riesgos.
b) Evaluar los riesgos que se puedan evitar.
c) Tener en cuenta la evolución de la técnica.
d) Dar las debidas instrucciones a los trabajadores.

9. La prevención de riesgos laborales deberá integrarse en el sistema general de gestión de la empresa a través de:

a) La política preventiva.
b) El plan de prevención.
c) El consenso de las partes.
d) El poder de decisión del empresario.

10. Podrán realizar el plan de prevención de riesgos laborales, la evaluación de riesgos y la planificación de la actividad preventiva de forma simplificada, en atención a la naturaleza y peligrosidad de las actividades realizadas, empresas cuyo número de trabajadores no exceda de:

a) 30.
b) 50.
c) 80.
d) 100

11. En relación a la vigilancia de la salud que ha de garantizar el empresario, el acceso a la información médica de carácter personal:

a) Se limitará al empresario y a los Servicios de Prevención propios.
b) Se limitará al Jefe inmediato del trabajador.
c) Sólo será accesible al propio trabajador.
d) Se limitará al personal médico y a las autoridades sanitarias que lleven a cabo la vigilancia.

12. En relación a la vigilancia de la salud, no es cierto que:

a) El derecho a la vigilancia periódica del estado de salud puede prolongarse más allá de la finalización de la relación laboral.
b) Las medidas de vigilancia y control se llevarán a cabo por personal sanitario.
c) Los resultados de la vigilancia de la salud serán comunicados a los representantes de los trabajadores.
d) Se deberá optar por la realización de aquellos reconocimientos o pruebas que causen las menores molestias al trabajador.

13. Según la Ley de Prevención de Riesgos Laborales, es obligación de los trabajadores en materia de prevención de riesgos:

a) La protección eficaz en materia de seguridad y salud en el trabajo.

b) Utilizar correctamente los medios y equipos de protección facilitados por el empresario, de acuerdo con las instrucciones recibidas de éste.

c) Soportar el coste de las medidas relativas a la seguridad y la salud en el trabajo.

d) Desarrollar una acción permanente de seguimiento de la actividad preventiva.

14. Cuando los trabajadores estén expuestos a un riesgo grave e inminente con ocasión de su trabajo, y el empresario no adopte o no permita la adopción de las medidas necesarias para garantizar la seguridad y la salud de los trabajadores, la Ley 31/1995, de 8 de noviembre, de Prevención de Riesgos Laborales prevé que:

a) Los trabajadores afectados podrán paralizar la actividad.

b) El órgano de representación del personal instará formalmente al empresario a la adopción de las medidas necesarias.

c) Los Delegados de Prevención lo comunicarán a la autoridad laboral, que adoptará las medidas necesarias.

d) El órgano de representación de personal podrá acordar la paralización de la actividad.

15. El art. 21 de la LPRL establece los requisitos y el procedimiento para que los representantes legales de los trabajadores acuerden la paralización de la actividad de los trabajadores que están o puedan estar expuestos a un riesgo grave e inminente si el empresario no adopta las medidas necesarias para garantizar la seguridad y salud de los trabajadores. La medida será adoptada por:

a) Acuerdo por mayoría absoluta de sus miembros. Tal acuerdo será comunicado de inmediato a la empresa y a la autoridad laboral, la cual, en el plazo de 48 horas, anulará o ratificará la paralización acordada.

b) Acuerdo por mayoría de 2/3 de sus miembros. Tal acuerdo será comunicado de inmediato a la empresa y a la autoridad laboral, la cual, en el plazo de 24 horas, anulará o ratificará la paralización acordada.

c) Acuerdo por mayoría de sus miembros. Tal acuerdo será comunicado de inmediato a la empresa y a la autoridad laboral, la cual, en el plazo de 48 horas, anulará o ratificará la paralización acordada.

d) Acuerdo por mayoría de sus miembros. Tal acuerdo será comunicado de inmediato a la empresa y a la autoridad laboral, la cual, en el plazo de 24 horas, anulará o ratificará la paralización acordada.

16. El posible cambio de puesto de trabajo con riesgo para una trabajadora embarazada:

a) Deberá realizarse en caso de imposibilidad de adaptación del propio puesto.

b) Se hará previo informe en tal sentido del Servicio de Prevención.

c) Se determinará por el empresario, y dará información a los representantes de los trabajadores.

d) Se extenderá al período de lactancia.

17. ¿Cuándo se deben utilizar los equipos de protección individual?

a) Siempre.

b) Cuando los riesgos no hayan sido evaluados.

c) Cuando los riesgos no se puedan evitar o no puedan limitarse.

d) Cuando el trabajador lo estime oportuno.

18. Según el artículo 19 de la Ley de Prevención de Riesgos Laborales, la formación teórica y práctica en materia preventiva deberá:

a) Impartirse en horario dentro de la jornada de trabajo.

b) Impartirse por igual en jornada de trabajo y fuera del horario de trabajo.

c) Impartirse, siempre que sea posible, dentro de la jornada de trabajo o, en su defecto, en otras horas, pero con el descuento en aquella del tiempo invertido en la misma.

d) La formación teórica siempre debe ser en horario dentro de la jornada de trabajo y la formación práctica puede impartirse tanto dentro como fuera de la jornada de trabajo.

19. Las trabajadoras embarazadas, ¿tienen derecho a ausentarse del trabajo para la realización de exámenes prenatales y técnicas de preparación al parto?

a) Sí, con derecho a remuneración, previo aviso al empresario y justificación de la necesidad de su realización dentro de la jornada de trabajo.

b) Sí, con derecho a remuneración, sin necesidad de avisar al empresario ni justificar la necesidad de su realización dentro de la jornada de trabajo.

c) Sí, sin derecho a remuneración, previo aviso al empresario y justificación de la necesidad de su realización dentro de la jornada de trabajo.

d) No, en ningún caso.

20. El empresario deberá constituir un servicio de prevención propio siempre que se trate de empresas que cuenten con:

a) Más de 500 trabajadores.

b) Menos de 250 trabajadores.

c) Más de 250 trabajadores.

d) Más de 250 y menos de 500 trabajadores.

En MADTEST tienes **más preguntas de este tema**, y todos tus avances quedan registrados y se reflejan en el ranking.

¡Supera tus límites con MADTEST!

Solución al test n.º 5

1. a) La posibilidad de que un trabajador sufra un determinado daño derivado del trabajo.

2. c) Conjunto de actividades o medidas adoptadas o previstas en todas las fases de actividad de la empresa con el fin de evitar o disminuir los riesgos derivados del trabajo.

3. c) Las enfermedades, patologías o lesiones sufridas con motivo u ocasión del trabajo.

4. b) La naturaleza de los agentes físicos, químicos y biológicos presentes en el ambiente de trabajo y sus correspondientes intensidades, concentraciones o niveles de presencia además de las instalaciones, incluidas las características organizativas del trabajo.

5. a) La probabilidad de que se produzca.

6. b) La naturaleza de los agentes físicos, químicos y biológicos presentes en el ambiente de trabajo y sus correspondientes intensidades, concentraciones o niveles de presencia.

7. b) Una protección eficaz en materia de seguridad y salud en el trabajo.

8. b) Evaluar los riesgos que se puedan evitar.

9. b) El plan de prevención.

10. b) 50.

11. d) Se limitará al personal médico y a las autoridades sanitarias que lleven a cabo la vigilancia.

12. c) Los resultados de la vigilancia de la salud serán comunicados a los representantes de los trabajadores.

13. b) Utilizar correctamente los medios y equipos de protección facilitados por el empresario, de acuerdo con las instrucciones recibidas de éste.

14. d) El órgano de representación de personal podrá acordar la paralización de la actividad.

15. d) Acuerdo por mayoría de sus miembros. Tal acuerdo será comunicado de inmediato a la empresa y a la autoridad laboral, la cual, en el plazo de 24 horas, anulará o ratificará la paralización acordada.

16. a) Deberá realizarse en caso de imposibilidad de adaptación del propio puesto.

17. c) Cuando los riesgos no se puedan evitar o no puedan limitarse.

18. c) Impartirse, siempre que sea posible, dentro de la jornada de trabajo o, en su defecto, en otras horas, pero con el descuento en aquella del tiempo invertido en la misma.

19. a) Sí, con derecho a remuneración, previo aviso al empresario y justificación de la necesidad de su realización dentro de la jornada de trabajo.

20. a) Más de 500 trabajadores.

TEST N.º 6

Ley 12/2014, de 16 de diciembre, de Transparencia y Participación Ciudadana de la Comunidad Autónoma de la Región de Murcia: objeto, finalidad y definiciones. La protección de datos personales: principios del tratamiento y condiciones para el consentimiento en el Reglamento (UE) 2016/679. Ley Orgánica 3/2018, de 5 de diciembre, de Protección de Datos Personales y de garantía de los derechos digitales: disposiciones generales; principios de la protección de datos

1. La acción proactiva de la Administración de dar a conocer la información relativa a sus ámbitos de actuación y sus obligaciones, con carácter permanente y actualizado, se denomina:

a) Información pública.
b) Transparencia.
c) Acceso a la información pública.
d) Apertura de datos.

2. Se llama "apertura de datos" al concepto de transparencia, acceso e información pública definido por:

a) Los contenidos o documentos elaborados o adquiridos para el ejercicio de las funciones de las entidades e instituciones.
b) La acción proactiva de la Administración de dar a conocer la información relativa a sus ámbitos de actuación y sus obligaciones.
c) La posibilidad de acceder a la información pública que obre en poder de las entidades e instituciones.
d) La puesta a disposición de datos en formato digital, estandarizado y abierto.

3. La obligación por parte de las entidades e instituciones legalmente obligadas, de publicar, de manera permanente, la información pública que sea relevante para garantizar la transparencia de su actividad pública, se denomina:

a) Información pública.
b) Publicidad activa.

c) Transparencia.
d) Gobierno abierto.

4. Se llama "reutilización" de la información pública en el ámbito de la transparencia a/al:

a) La puesta a disposición de datos en formato digital, estandarizado y abierto.
b) Los principios, obligaciones y reglas sobre la calidad de los servicios y el funcionamiento de la Administración.
c) Uso por los ciudadanos de información y datos que obran en poder de las entidades públicas para propiciar que se generen nuevas utilidades, productos o servicios.
d) Posibilidad de acceder a la información pública que obre en poder de las entidades e instituciones obligadas con seguridad sobre su veracidad.

5. Los ciudadanos, en sus relaciones con las entidades e instituciones a las que le son de aplicación las normas sobre transparencia, ostentan el derecho a:

a) Usar la información obtenida, sin necesidad de autorización previa y sin limitaciones.
b) Solicitar la información pública siempre que ostente un interés legítimo.
c) Obtener la información solicitada en la forma o formato elegidos.
d) Todas son correctas.

6. Los adjudicatarios de contratos del sector público deben cumplir las normas sobre transparencia:

a) En ningún caso, ya que no son sujetos obligados.
b) En todo caso.
c) Si, debiendo tal obligación venir especificada en el pliego de cláusulas administrativas particulares.
d) Sólo cuando hayan obtenido una subvención a consecuencia de esa actividad.

7. Será responsable de publicidad activa en las Administraciones Públicas:

a) El órgano directivo, en todo caso.
b) Un empleado de la entidad o institución.
c) Una entidad ajena.
d) Un miembro del Consejo de Transparencia por este designado.

8. La información pública de recursos humanos, y en especial, las relaciones de puestos de trabajo, plantillas, catálogos de puestos o documento equivalente, de todo tipo de personal, serán actualizadas:

a) Trimestralmente.
b) Anualmente.
c) Semestralmente.
d) Mensual o, en su caso, inmediatamente.

9. En virtud de qué principio inspirador de la Ley 12/2014, de 16 de diciembre, de Transparencia y Participación Ciudadana de la Comunidad Autónoma de la Región de Murcia, la información pública que se suministre deberá ser, siempre que resulte posible, adecuada al cumplimiento de los fines para los que hubiera sido solicitada:

a) Principio de veracidad.
b) Principio de reutilización.
c) Principio de utilidad.
d) Principio de transparencia pública.

10. En el ámbito de la Comunidad Autónoma de la Región de Murcia, el Portal de Transparencia se configura como:

a) Un registro público.
b) Una dirección electrónica.
c) Una oficina virtual.
d) Una sede electrónica.

11. El órgano de control del cumplimiento de las obligaciones de publicidad por parte de las entidades e instituciones obligadas de la Administración de la Región de Murcia, es:

a) El Comité de Transparencia.
b) El Portal de Transparencia.
c) El Comité de Transparencia y buen gobierno.
d) El Comisionado de Transparencia.

12. El derecho de acceso a la información de los ciudadanos no podrá ser limitado aun cuando suponga un perjuicio para:

a) La protección del medio ambiente.
b) La propiedad privada.
c) Las relaciones exteriores.
d) La igualdad de las partes en los procesos judiciales y la tutela judicial efectiva.

13. Según el artículo 14 de la Ley 19/2013, de 9 de diciembre, el derecho de acceso a la información pública podrá ser limitado cuando acceder a la información suponga un perjuicio para:

a) La prevención, investigación y sanción de ilícitos administrativos.
b) La implantación de servicios sociales.
c) El derecho de acceso no puede ser limitado ya que se trata de información pública.
d) Todas son correctas.

14. El acceso a datos personales contenidos en la información pública:

a) Está permitido en todo caso.
b) No se permite en ningún caso.
c) Se permite, salvo que el afectado exprese su negativa.
d) No está permitido, salvo que el afectado muestre su consentimiento o los haya divulgado anteriormente a solicitarse el acceso.

15. Se inadmitirán a trámite, mediante resolución motivada, las solicitudes:

a) Que se refieran a información que esté en curso de elaboración o de publicación general.
b) Relativas a informes que no sean preceptivos.
c) Dirigidas a un órgano que no la haya elaborado en su integridad o parte principal.
d) Que pretendan información que ya ha sido requerida por otras personas.

16. Si el acceso a la información pública solicitada pudiera afectar a derechos o intereses de terceros, debidamente identificados, a estos se les concederá un trámite de alegaciones por plazo de:

a) 10 días.
b) 15 días.
c) Un mes.
d) Tres meses.

17. La resolución en la que se conceda o deniegue el acceso deberá notificarse al solicitante y a los terceros afectados que así lo hayan solicitado en el plazo máximo de un mes. Pero en la Comunidad Autónoma de la Región de Murcia es de:

a) 20 días.
b) 15 días.
c) 10 días.
d) Un mes.

18. El silencio administrativo en los procedimientos de acceso a la información pública es de sentido:

a) En el ámbito de la Administración del Estado es negativo, pero en la Región de Murcia es positivo.
b) Positivo en todo caso.
c) Siempre negativo.
d) Es negativo, salvo que no afecte a derechos de terceros, en los que se considerará positivo.

19. Serán causas que determinen la imposibilidad de proporcionar la información en la forma o formato solicitado:

a) Ninguna, es un derecho reconocido al solicitante.
b) Que el acceso pudiera afectar al derecho de propiedad intelectual.
c) Que no se haya solicitado telemáticamente.
d) Que el formato elegido no sea el más idóneo para el acceso.

20. Los miembros del Consejo de Gobierno de la Región de Murcia y al resto de altos cargos de la Administración autonómica y de las entidades del sector público autonómico deberán rechazar regalos u obsequios:

a) Que procedan de personas físicas, sólo pudiendo aceptar los de las personas jurídicas.
b) Que superen los 60 euros.
c) De cualquier persona sea física o jurídica.
d) De valor superior a los 100 euros.

En MADTEST tienes **más preguntas de este tema**, y todos tus avances quedan registrados y se reflejan en el ranking.

¡Supera tus límites con MADTEST!

Solución al test n.º 6

1. b) Transparencia.

2. d) La puesta a disposición de datos en formato digital, estandarizado y abierto.

3. b) Publicidad activa.

4. c) Uso por los ciudadanos de información y datos que obran en poder de las entidades públicas para propiciar que se generen nuevas utilidades, productos o servicios.

5. c) Obtener la información solicitada en la forma o formato elegidos.

6. c) Si, debiendo tal obligación venir especificada en el pliego de cláusulas administrativas particulares.

7. b) Un empleado de la entidad o institución.

8. d) Mensual o, en su caso, inmediatamente.

9. c) Principio de utilidad.

10. b) Una dirección electrónica.

11. d) El Comisionado de Transparencia.

12. b) La propiedad privada.

13. a) La prevención, investigación y sanción de ilícitos administrativos.

14. d) No está permitido, salvo que el afectado muestre su consentimiento o los haya divulgado anteriormente a solicitarse el acceso.

15. a) Que se refieran a información que esté en curso de elaboración o de publicación general.

16. b) 15 días.

17. a) 20 días.

18. c) Siempre negativo.

19. b) Que el acceso pudiera afectar al derecho de propiedad intelectual.

20. b) Que superen los 60 euros.

TEST N.º 7

Ley Orgánica 3/2007, de 22 de marzo: el principio de igualdad y la tutela contra la discriminación; planes de igualdad, concepto y contenido. El acoso por razón de sexo en el trabajo en la Ley Regional 7/2007, de 4 de abril. Las medidas en el ámbito sanitario y el derecho a la atención sanitaria en la Ley Orgánica 1/2004, de 28 de diciembre, de Medidas de Protección Integral contra la Violencia de Género. Ley 4/2023, de 28 de febrero: medidas en el ámbito de la salud para la igualdad en relación con las personas trans y LGTBI. Ley 15/2022, de 12 de julio: derecho a la igualdad de trato y no discriminación en la atención sanitaria

1. Según su artículo 1, la LO 3/2007 tiene por objeto hacer efectivo el derecho de:

a) Conciliación de la vida laboral y familiar de mujeres y hombres.
b) Igualdad de trato y de oportunidades entre mujeres y hombres.
c) Participación en los asuntos públicos en igualdad de condiciones.
d) No discriminación por razón de sexo.

2. Las obligaciones establecidas en la LO 3/2007 son de aplicación a:

a) A toda persona, física o jurídica, que se encuentre o actúe en territorio español, cualquiera que fuese su nacionalidad, domicilio o residencia.
b) A todos los ciudadanos españoles, ya sea en territorio español o territorio de cualquier país extranjero.
c) A toda persona, física o jurídica, que se encuentre o actúe en territorio español, con nacionalidad española.
d) A toda persona, física o jurídica, que resida en territorio español, cualquiera que fuese su nacionalidad.

3. Según el artículo 4 de la LO 3/2007, la igualdad de trato y de oportunidades entre mujeres y hombres:

a) Es un deber de las Administraciones Públicas.
b) Es una fuente formal del Derecho.

c) Es un principio informador del ordenamiento jurídico.

d) Es un objetivo fundamental del procedimiento administrativo.

4. El principio de igualdad de trato y de oportunidades entre mujeres y hombres:

a) Sólo se aplica en el ámbito del empleo público.

b) Se garantizará incluso en el acceso al trabajo por cuenta propia.

c) No se aplica en la afiliación y participación en organizaciones sindicales o empresariales.

d) Se garantizará en los términos que prevean los convenios colectivos.

5. La situación en que se encuentra una persona que sea, haya sido o pudiera ser tratada, en atención a su sexo, de manera menos favorable que otra en situación comparable, se considera:

a) Discriminación directa.

b) Acoso sexual.

c) Discriminación indirecta.

d) Violencia de género.

6. Una diferencia de trato basada en una característica relacionada con el sexo, ¿constituye discriminación en el acceso al empleo?

a) Sí, en todo caso.

b) No, siempre que la formación necesaria se base en dicha característica.

c) No, siempre que dicha característica constituya un requisito profesional esencial y determinante.

d) No, si debido a la naturaleza de las actividades profesionales concretas o al contexto en el que se lleven a cabo, dicha característica constituya un requisito profesional esencial y determinante, siempre y cuando el objetivo sea legítimo y el requisito proporcionado.

7. En virtud del artículo 6.2 de la LO 3/2007, la situación en que una disposición, criterio o práctica aparentemente neutros pone a personas de un sexo en desventaja particular con respecto a personas del otro:

a) En cualquier caso constituirá discriminación directa.

b) En cualquier caso constituirá discriminación indirecta.

c) No se considera discriminación indirecta si dicha disposición, criterio o práctica pueden justificarse objetivamente en atención a una finalidad legítima y los medios para alcanzar dicha finalidad son necesarios y adecuados.

d) En ningún caso podrá considerarse discriminación.

8. Conforme al artículo 6.3 de la LO 3/2007, toda orden de discriminar por razón de sexo:

a) Sólo se considera discriminatoria si se ordena discriminar directamente.

b) En ningún caso se puede considerar discriminatoria.

c) Sólo se considera discriminatoria si ordena una discriminación indirecta.

d) En cualquier caso se considera discriminatoria, sea directa o indirecta.

9. A los efectos de la LO 3/2007, definimos como acoso sexual:

a) Cualquier comportamiento realizado en función del sexo de una persona, con el propósito o el efecto de atentar contra su dignidad y de crear un entorno intimidatorio, degradante u ofensivo.

b) La situación en que una disposición, criterio o práctica aparentemente neutros pone a personas de un sexo en desventaja particular con respecto a personas del otro, salvo que dicha disposición, criterio o práctica puedan justificarse objetivamente en atención a una finalidad legítima y que los medios para alcanzar dicha finalidad sean necesarios y adecuados.

c) Todo trato desfavorable a las mujeres relacionado con el embarazo o la maternidad.

d) Cualquier comportamiento, verbal o físico, de naturaleza sexual que tenga el propósito o produzca el efecto de atentar contra la dignidad de una persona, en particular cuando se crea un entorno intimidatorio, degradante u ofensivo.

10. Según el artículo 8 de la LO 3/2007, todo trato desfavorable a las mujeres relacionado con el embarazo o la maternidad constituye:

a) Acoso sexual.

b) Acoso por razón de sexo.

c) Discriminación directa por razón de sexo.

d) Discriminación indirecta por razón de sexo.

11. Cualquier comportamiento realizado en función del sexo de una persona, con el propósito o el efecto de atentar contra su dignidad y de crear un entorno intimidatorio, degradante u ofensivo, constituye:

a) Discriminación directa.

b) Acoso sexual.

c) Acoso por razón de sexo.

d) Discriminación indirecta.

12. Conforme al artículo 7.4 de la LO 3/2007, el condicionamiento de un derecho o de una expectativa de derecho a la aceptación de una situación constitutiva de acoso sexual o de acoso por razón de sexo se considerará:

a) Acto de discriminación por razón de sexo.

b) Creación de un entorno intimidatorio, degradante u ofensivo.

c) Anulable y sin efecto.

d) Indemnizable.

13. En virtud del artículo 9 de la LO 3/2007, cualquier trato adverso o efecto negativo que se produzca en una persona como consecuencia de la presentación por su parte de queja, reclamación, denuncia, demanda o recurso, de cualquier tipo, destinados a impedir su discriminación y a exigir el cumplimiento efectivo del principio de igualdad de trato entre mujeres y hombres, se considerará:

a) Discriminación directa.
b) Discriminación por razón de sexo.
c) Injustificado.
d) Acoso sexual.

14. Para prevenir la realización de conductas discriminatorias en los actos y las cláusulas de los negocios jurídicos, el artículo 10 de la LO 3/2007 prevé la existencia de un sistema de sanciones eficaz y:

a) Proporcionado.
b) Comprensible.
c) Cuantificable.
d) Disuasorio.

15. Según el artículo 10 de la LO 3/2007, los actos y las cláusulas de los negocios jurídicos que constituyan o causen discriminación por razón de sexo se considerarán:

a) Válidos, pero anulables.
b) Nulos y sin efecto.
c) Ilegales.
d) Nulos, pero con efectos.

16. Con el fin de hacer efectivo el derecho constitucional de la igualdad, los Poderes Públicos adoptarán medidas específicas en favor de las mujeres para corregir situaciones patentes de desigualdad de hecho respecto de los hombres. Tales medidas, que serán aplicables en tanto subsistan dichas situaciones, habrán de ser en relación con el objetivo perseguido en cada caso razonables y:

a) Justificadas.
b) Autorizadas judicialmente.
c) Transparentes.
d) Proporcionadas.

17. Conforme al artículo 12 de la LO 3/2007, cualquier persona podrá recabar de los tribunales la tutela del derecho a la igualdad entre mujeres y hombres, de acuerdo con lo establecido en el artículo 53.2 de la Constitución:

a) Siempre que la relación en la que supuestamente se produce la discriminación se encuentre vigente.
b) Incluso tras la terminación de la relación en la que supuestamente se ha producido la discriminación.

c) Siempre que se haya dado por terminada la relación en la que supuestamente se produce la discriminación.

d) A menos que se haya procedido a la suspensión de la relación en la que supuestamente se produce la discriminación.

18. La capacidad y la legitimación para intervenir en los procesos civiles, sociales y contencioso-administrativos que versen sobre la defensa del derecho de igualdad entre mujeres y hombres, corresponden a:

a) La persona acosada, únicamente.
b) Cualquier ciudadano.
c) Las personas físicas y jurídicas con interés legítimo.
d) Cualquier persona jurídica.

19. La persona acosada será la única legitimada en los litigios:

a) Sobre discriminación directa.
b) Sobre acoso sexual y acoso por razón de sexo.
c) Sobre acoso sexual únicamente.
d) Únicamente sobre acoso por razón de sexo.

20. Un criterio general de actuación de los Poderes Públicos, según el artículo 14 de la LO 3/2007, es el establecimiento de medidas que aseguren la .... del trabajo y de la vida personal y familiar de las mujeres y los hombres, así como el fomento de la .... en las labores domésticas y en la atención a la familia. ¿Qué dos palabras completan acertadamente la frase anterior?

a) Conciliación y corresponsabilidad.
b) Estabilidad y cooperación.
c) Corresponsabilidad y cooperación.
d) Estabilidad y conciliación.

En MADTEST tienes **más preguntas de este tema**, y todos tus avances quedan registrados y se reflejan en el ranking.

¡Supera tus límites con MADTEST!

Solución al test n.º 7

1. b) Igualdad de trato y de oportunidades entre mujeres y hombres.

2. a) A toda persona, física o jurídica, que se encuentre o actúe en territorio español, cualquiera que fuese su nacionalidad, domicilio o residencia.

3. c) Es un principio informador del ordenamiento jurídico.

4. b) Se garantizará incluso en el acceso al trabajo por cuenta propia.

5. a) Discriminación directa.

6. d) No, si debido a la naturaleza de las actividades profesionales concretas o al contexto en el que se lleven a cabo, dicha característica constituya un requisito profesional esencial y determinante, siempre y cuando el objetivo sea legítimo y el requisito proporcionado.

7. c) No se considera discriminación indirecta si dicha disposición, criterio o práctica pueden justificarse objetivamente en atención a una finalidad legítima y los medios para alcanzar dicha finalidad son necesarios y adecuados.

8. d) En cualquier caso se considera discriminatoria, sea directa o indirecta.

9. d) Cualquier comportamiento, verbal o físico, de naturaleza sexual que tenga el propósito o produzca el efecto de atentar contra la dignidad de una persona, en particular cuando se crea un entorno intimidatorio, degradante u ofensivo.

10. c) Discriminación directa por razón de sexo.

11. c) Acoso por razón de sexo.

12. a) Acto de discriminación por razón de sexo.

13. b) Discriminación por razón de sexo.

14. d) Disuasorio.

15. b) Nulos y sin efecto.

16. d) Proporcionadas.

17. b) Incluso tras la terminación de la relación en la que supuestamente se ha producido la discriminación.

18. c) Las personas físicas y jurídicas con interés legítimo.

19. b) Sobre acoso sexual y acoso por razón de sexo.

20. a) Conciliación y corresponsabilidad.

TEST
PARTE ESPECÍFICA

TEST N.º 1

Código de circulación. Permisos y licencias de conducción: clases. Permiso y licencia de conducción por puntos: infracciones y sanciones. Documentos necesarios para circular. El seguro obligatorio de vehículos a motor

1. El Reglamento General de Conductores se aprueba por medio del:

a) Real Decreto 1428/03, de 21 de noviembre.
b) Real Decreto 2822/98, de 23 de diciembre.
c) Real Decreto 818/2009, de 8 de mayo.
d) Real Decreto 320/1994, de 25 de febrero.

2. El Reglamento General de Conductores consta de:

a) Seis Títulos.
b) Cuatro Títulos.
c) Siete Títulos.
d) Cinco Títulos.

3. De acuerdo con el artículo 1, la conducción de vehículos de motor y ciclomotores exigirá:

a) Haber obtenido previamente el permiso o la licencia de conducción.
b) Haber obtenido previamente el permiso o la licencia de conducción o habilitación complementaria.
c) Acreditación de tipo CE, expedida en tarjeta de plástico.
d) Haber obtenido previamente el permiso o la licencia de conducción sin que pueda ser sustituido provisionalmente por autorizaciones temporales.

4. Los permisos y licencias de conducción son de contenido:

a) Reglado.
b) Discrecional.
c) Expreso.
d) Codificado.

5. La concesión de los permisos y licencias de conducción quedará condicionada a la verificación de que los conductores reúnen los requisitos de:

a) Aptitud psicofísica.
b) Conocimientos, habilidades y aptitudes.
c) Comportamientos.
d) Todas son correctas.

6. Los permisos y licencias de conducción, así como las autorizaciones administrativas que provisionalmente los sustituyan, serán expedidos por:

a) El Ministerio del Interior.
b) La Dirección General de Tráfico.
c) Las Jefaturas Provinciales de Tráfico.
d) Los municipios.

7. La obligación de que el conductor de un vehículo esté en posesión y lleve consigo su permiso o licencia de conducción, así como cualquier otro documento o autorización que, de acuerdo con la normativa vigente, necesite para poder conducir, así como la de que estos documentos sean válidos, estén vigentes y se exhiban ante los agentes de la autoridad que lo soliciten, se establece en el:

a) Artículo 2.
b) Artículo 3.
c) Artículo 4.
d) Artículo 5.

8. Las clases de permisos de conducción y edad requerida se establecen en el artículo:

a) Artículo 2.
b) Artículo 3.
c) Artículo 4.
d) Artículo 5.

9. El permiso de conducción de la clase AM autoriza a conducir:

a) Ciclomotores de dos ruedas.
b) Ciclomotores de tres ruedas.
c) Cuatriciclos ligeros.
d) Todas son correctas.

10. La edad mínima para obtener el permiso AM será de:

a) Catorce años cumplidos. No obstante, hasta los dieciséis años cumplidos no autorizará a conducir los correspondientes vehículos cuando transporten pasajeros.
b) Quince años cumplidos. No obstante, hasta los dieciocho años cumplidos no autorizará a conducir los correspondientes vehículos cuando transporten pasajeros.

c) Catorce años cumplidos. No obstante, hasta los dieciocho años cumplidos no autorizará a conducir los correspondientes vehículos cuando transporten pasajeros.

d) Dieciséis años cumplidos. No obstante, hasta los dieciocho años cumplidos no autorizará a conducir los correspondientes vehículos cuando transporten pasajeros.

11. El permiso de conducción de la clase A1 autoriza para conducir:

a) Motocicletas con una cilindrada máxima de 115 cm³.
b) Motocicletas con una potencia máxima de 15 kW.
c) Motocicletas con una relación potencia/peso máxima de 0,1 kW/kg.
d) Triciclos de motor cuya potencia máxima no exceda de 11 kW.

12. El permiso de conducción de la clase A2 autoriza para conducir:

a) Motocicletas con una potencia máxima de 25 kW.
b) Motocicletas con una potencia máxima de 35 kW.
c) Motocicletas con una potencia máxima de 45 kW.
d) Motocicletas con una relación potencia/peso máxima de 0,3 kW/kg.

13. La edad mínima para obtener el permiso de conducción de la clase A será de:

a) Dieciocho años cumplidos.
b) Veinte años cumplidos pero hasta los veintiún años cumplidos no autorizará a conducir triciclos de motor cuya potencia máxima exceda de 15 kW.
c) Veinte años cumplidos pero hasta los veintiún años cumplidos no autorizará a transportar pasajeros.
d) Veinte años cumplidos pero hasta los veintiún años cumplidos no autorizará a conducir por vías interurbanas.

14. Para conducir un triciclo de motor cuya potencia exceda de 15 kW, es necesario obtener el:

a) Permiso A2.
b) Permiso A.
c) Permiso B.
d) Permiso A o B.

15. El permiso B(96) autoriza a conducir conjuntos de vehículos acoplados compuestos por un vehículo tractor de los que autoriza a conducir el permiso de la clase B y un remolque cuya masa máxima autorizada exceda de 750 kg, siempre que la masa máxima autorizada del conjunto no exceda de:

a) 3.500 kg.
b) 4.250 kg.
c) 4.350 kg.
d) 4.500 kg.

16. El permiso de conducción de la clase C1 autoriza para conducir automóviles distintos de los que autoriza a conducir el permiso de las clases D1 o D:

a) Cuya masa máxima autorizada exceda de 2500 kg y no sobrepase los 7500 kg.
b) Cuya masa máxima autorizada exceda de 3500 kg y no sobrepase los 6500 kg.
c) Cuya masa máxima autorizada exceda de 3500 kg y no sobrepase los 7500 kg.
d) Cuya masa máxima autorizada exceda de 3500 kg y no sobrepase los 1200 kg.

17. El permiso de conducción de la clase C1 + E autoriza para conducir conjuntos de vehículos acoplados compuestos por un vehículo tractor de los que autoriza a conducir el permiso de la clase C1 y un remolque o semirremolque cuya masa máxima autorizada exceda de 750 kg, siempre que la masa máxima autorizada del conjunto así formado no exceda de:

a) 7.500 kg.
b) 12.000 kg.
c) 15.000 kg.
d) 20.000 kg.

18. El permiso de conducción de la clase D1 autoriza para conducir automóviles diseñados y construidos para el transporte de:

a) No más de dieciséis pasajeros además del conductor y cuya longitud máxima no exceda de ocho metros. La edad mínima para obtenerlo será de veintiún años cumplidos.
b) No más de dieciocho pasajeros además del conductor y cuya longitud máxima no exceda de ocho metros. La edad mínima para obtenerlo será de veintiún años cumplidos.
c) No más de diecinueve pasajeros además del conductor y cuya longitud máxima no exceda de ocho metros. La edad mínima para obtenerlo será de veinte años cumplidos.
d) No más de dieciséis pasajeros además del conductor y cuya longitud máxima no exceda de ocho metros. La edad mínima para obtenerlo será de veinte años cumplidos.

19. La obtención del permiso de conducción de la clase D exige una edad mínima de:

a) Veinte años cumplidos.
b) Veintiún años cumplidos.
c) Veinticuatro años cumplidos.
d) Veinticinco años cumplidos.

20. En el art. 7 del Reglamento General de Conductores se afirma que para obtener un permiso o licencia de conducción se requerirá:

a) En el caso de extranjeros, acreditar la situación de residencia normal o estancia por estudios en España de, al menos, un año y haber cumplido la edad requerida.
b) No estar privado por resolución administrativa del derecho a conducir vehículos de motor y ciclomotores, ni hallarse sometido a suspensión o intervención administrativa del permiso o licencia de conducción que se posea.

c) Reunir las aptitudes psicofísicas requeridas en relación con la clase del permiso o licencia de conducción que se solicite.

d) Todas son correctas.

En MADTEST tienes **más preguntas de este tema**, y todos tus avances quedan registrados y se reflejan en el ranking.

¡Supera tus límites con MADTEST!

Solución al test n.º 1

1. c) Real Decreto 818/2009, de 8 de mayo.

2. d) Cinco Títulos.

3. a) Haber obtenido previamente el permiso o la licencia de conducción.

4. a) Reglado.

5. d) Todas son correctas.

6. c) Las Jefaturas Provinciales de Tráfico.

7. b) Artículo 3.

8. c) Artículo 4.

9. d) Todas son correctas.

10. c) Catorce años cumplidos. No obstante, hasta los dieciocho años cumplidos no autorizará a conducir los correspondientes vehículos cuando transporten pasajeros.

11. c) Motocicletas con una relación potencia/peso máxima de 0,1 kW/kg.

12. b) Motocicletas con una potencia máxima de 35 kW.

13. b) Veinte años cumplidos pero hasta los veintiún años cumplidos no autorizará a conducir triciclos de motor cuya potencia máxima exceda de 15 kW.

14. d) Permiso A o B.

15. b) 4.250 kg.

16. c) Cuya masa máxima autorizada exceda de 3500 kg y no sobrepase los 7500 kg.

17. b) 12.000 kg.

18. a) No más de dieciséis pasajeros además del conductor y cuya longitud máxima no exceda de ocho metros. La edad mínima para obtenerlo será de veintiún años cumplidos.

19. c) Veinticuatro años cumplidos.

20. c) Reunir las aptitudes psicofísicas requeridas en relación con la clase del permiso o licencia de conducción que se solicite.

TEST N.º 2

Autorizaciones administrativas de tráfico: generales, para conducir y relativas a los vehículos. Anulación, revocación e intervención de las autorizaciones

1. La Ley sobre Tráfico, Circulación de Vehículos a Motor y Seguridad Vial, regula las autorizaciones administrativas:

a) En su Título II.
b) En su Título III.
c) En su Título IV.
d) En su Título V.

2. El Título anterior comprende del artículo:

a) 49 al 53.
b) 59 al 73.
c) 57 al 62.
d) 56 al 75.

3. El Título anterior se estructura en:

a) 2 capítulos.
b) 3 capítulos.
c) 4 capítulos.
d) 5 capítulos.

4. La nulidad, lesividad y pérdida de vigencia se desarrollan en el:

a) Capítulo IV.
b) Capítulo III.
c) Capítulo V.
d) Capítulo II.

5. El conductor de un vehículo queda obligado a estar en posesión y llevar consigo:

a) Su permiso o licencia válidos para conducir.
b) El permiso de circulación del vehículo.
c) La tarjeta de inspección técnica o certificado de características.
d) Todas son correctas.

6. La Dirección General de Tráfico asignará además a todo titular de una autorización administrativa de conducción o de circulación de vehículo, y con carácter previo a su obtención, una Dirección Electrónica Vial (DEV):

a) Esta dirección se asignará automáticamente a todas las autorizaciones de que disponga su titular en los Registros de Vehículos y de Conductores.
b) La asignación de la Dirección Electrónica Vial se realizará también al arrendatario a largo plazo que conste en el Registro de Vehículos, con carácter previo a su inclusión.
c) Si el titular de la autorización es una persona física solo se le asignará una Dirección Electrónica Vial cuando lo solicite voluntariamente.
d) Todas las respuestas son correctas.

7. La conducción de vehículos a motor y ciclomotores exigirá haber obtenido previamente la preceptiva autorización administrativa, de acuerdo con el:

a) Artículo 61.
b) Artículo 60.
c) Artículo 62.
d) Artículo 65.

8. La preceptiva autorización administrativa se dirigirá a verificar que los conductores tengan los requisitos de:

a) Capacidad.
b) Conocimientos.
c) Habilidad.
d) Todas son correctas.

9. La enseñanza de los conocimientos y técnicas necesarios para la conducción, así como el posterior perfeccionamiento y renovación de conocimientos se ejercerán por centros de formación:

a) Oficiales.
b) Oficiales o privados.
c) Oficiales o concertados.
d) Oficiales, concertados o privados.

10. La vigencia del permiso o la licencia de conducción estará condicionada a que su titular no haya perdido su asignación total de puntos, que será de 12 puntos, con las excepciones siguientes:

a) Titulares de un permiso o licencia de conducción con una antigüedad no superior a dos años, salvo que ya fueran titulares de otro permiso de conducción con aquella antigüedad: ocho puntos.

b) Titulares de un permiso o licencia de conducción con una antigüedad no superior a cinco años, salvo que ya fueran titulares de otro permiso de conducción con aquella antigüedad: ocho puntos.

c) Titulares de un permiso o licencia de conducción con una antigüedad no superior a tres años, salvo que ya fueran titulares de otro permiso de conducción con aquella antigüedad: ocho puntos.

d) Titulares de un permiso o licencia de conducción que, tras perder su asignación total de puntos, han obtenido nuevamente el permiso o la licencia de conducción: seis puntos.

11. El número de puntos inicialmente asignado al titular de un permiso o licencia de conducción se verá reducido por cada sanción firme en vía administrativa que se le imponga por la comisión de infracciones graves o muy graves que lleven aparejada la pérdida de puntos, de acuerdo con el baremo establecido en los:

a) Anexos II y V.
b) Anexos II y IV.
c) Anexos III y IV.
d) Anexos IV y V.

12. Los conductores, salvo excepciones, no perderán, por acumulación de infracciones en un solo día:

a) Más de 6 puntos.
b) Más de 5 puntos.
c) Más de 8 puntos.
d) Más de 9 puntos.

13. Tendrán documentadas sus características técnicas esenciales en el certificado oficial correspondiente, en el que se harán constar las reformas que se autoricen y la verificación de su estado de servicio y mantenimiento en la forma que se disponga reglamentariamente:

a) Los vehículos a motor.
b) Los ciclomotores.
c) Los remolques de peso máximo superior al que reglamentariamente se determine.
d) Todas son correctas.

14. Para poner en circulación vehículos a motor, así como remolques de peso máximo superior al que reglamentariamente se determine, será preciso matricularlos y que lleven las placas de matrícula, de acuerdo con lo establecido en el:

a) Artículo 58.
b) Artículo 60.
c) Artículo 62.
d) Artículo 68.

15. La Administración podrá declarar la pérdida de vigencia de las autorizaciones reguladas en este Título cuando se acredite la desaparición de los requisitos exigidos para el otorgamiento de la autorización sobre:

a) Conocimientos.
b) Habilidades.
c) Aptitudes psicofísicas.
d) Todas son correctas.

16. Una vez constatada la pérdida total de los puntos que tuviera asignados, la Administración notificará al interesado el acuerdo por el que se declara la pérdida de vigencia de su permiso o licencia de conducción:

a) En el plazo de 10 días.
b) En el plazo de 15 días.
c) En el plazo de 20 días.
d) En el plazo de 30 días.

17. En este caso, el titular de la autorización no podrá obtener un nuevo permiso o una nueva licencia de conducción hasta transcurridos:

a) 5 meses. Este plazo se reducirá a 2 meses en el caso de conductores profesionales.
b) 12 meses. Este plazo se reducirá a 6 meses en el caso de conductores profesionales.
c) 6 meses. Este plazo se reducirá a 3 meses en el caso de conductores profesionales.
d) 8 meses. Este plazo se reducirá a 4 meses en el caso de conductores profesionales.

18. Si durante los tres años siguientes a la obtención de la nueva autorización fuera acordada su pérdida de vigencia por haber perdido nuevamente la totalidad de los puntos asignados, no se podrá obtener un nuevo permiso o licencia de conducción hasta transcurridos:

a) 12 meses. Este plazo se reducirá a 6 meses en el caso de conductores profesionales.
b) 8 meses. Este plazo se reducirá a 4 meses en el caso de conductores profesionales.
c) 18 meses. Este plazo se reducirá a 12 meses en el caso de conductores profesionales.
d) 18 meses. Este plazo se reducirá a 9 meses en el caso de conductores profesionales.

19. El titular de una autorización que haya perdido una parte del crédito inicial de puntos asignado podrá optar a su recuperación parcial, hasta un máximo de:

a) 3 puntos.
b) 4 puntos.
c) 6 puntos.
d) 8 puntos.

20. El titular de una autorización, que haya perdido una parte del crédito inicial de puntos asignado podrá optar a su recuperación parcial, por una sola vez cada:

a) 2 años, con la excepción de los conductores profesionales que podrán realizar el citado curso con frecuencia anual.
b) 4 años, con la excepción de los conductores profesionales que podrán realizar el citado curso con frecuencia anual.
c) 5 años, con la excepción de los conductores profesionales que podrán realizar el citado curso con frecuencia bianual.
d) 3 años, con la excepción de los conductores profesionales que podrán realizar el citado curso con frecuencia bienal.

En MADTEST tienes **más preguntas de este tema**, y todos tus avances quedan registrados y se reflejan en el ranking.

¡Supera tus límites con MADTEST!

Solución al test n.º 2

1. c) En su Título IV.

2. b) 59 al 73.

3. c) 4 capítulos.

4. a) Capítulo IV.

5. d) Todas son correctas.

6. d) Todas las respuestas son correctas.

7. a) Artículo 61.

8. d) Todas son correctas.

9. b) Oficiales o privados.

10. c) Titulares de un permiso o licencia de conducción con una antigüedad no superior a tres años, salvo que ya fueran titulares de otro permiso de conducción con aquella antigüedad: ocho puntos.

11. b) Anexos II y IV.

12. c) Más de 8 puntos.

13. d) Todas son correctas.

14. d) Artículo 68.

15. d) Todas son correctas.

16. b) En el plazo de 15 días.

17. c) 6 meses. Este plazo se reducirá a 3 meses en el caso de conductores profesionales.

18. a) 12 meses. Este plazo se reducirá a 6 meses en el caso de conductores profesionales.

19. c) 6 puntos.

20. a) 2 años, con la excepción de los conductores profesionales que podrán realizar el citado curso con frecuencia anual.

TEST N.º 3

Condiciones técnicas que deben reunir los vehículos para que sea permitida su circulación por vía pública. Inspección Técnica de Vehículos. Tipos y plazos. Resultado de las inspecciones y reformas de importancia

1. La inspección técnica de vehículos (ITV) se regula en:

a) El Real Decreto 920/2017, de 23 de octubre.
b) El Real Decreto 818/09, de 8 de mayo.
c) El Real Decreto 6/2015, de 30 de octubre.
d) El Real Decreto 2822/1998, de 23 de diciembre.

2. El ámbito de aplicación del Reglamento de la ITV se establece en el:

a) Articulo 1.
b) Articulo 2.
c) Articulo 3.
d) Articulo 4.

3. La inspección técnica se aplica:

a) A todos los vehículos.
b) A todos los vehículos matriculados en España, excepto los que pertenecen a organismo público.
c) A todos los vehículos matriculados en España.
d) A todos los vehículos de desigual forma, dependiendo de su categoría y funciones.

4. Los vehículos comprendidos en el ámbito de aplicación del Reglamento de ITV se someterán obligatoriamente a la inspección técnica periódica, con la frecuencia señalada en el:

a) Articulo 4.
b) Articulo 6.
c) Articulo 5.
d) Articulo 9.

5. Las motocicletas pasarán la ITV periódica:

a) Hasta los primeros 4 años están exentos.
b) De más de 5 años: anual.
c) De 5 a 9 años: bienal.
d) De 2 a 4 años: anual.

6. Los ciclomotores pasarán la ITV periódica:

a) Hasta los primeros 4 años están exentos.
b) Hasta los primeros 3 años están exentos.
c) De más de 3 años: bienal.
d) Las respuestas b) y c) son ciertas.

7. Los vehículos de motor de 3 ruedas pasarán la ITV periódica:

a) Hasta los primeros 4 años están exentos.
b) Hasta los primeros 3 años están exentos.
c) De más de 4 años: bienal.
d) Las respuestas a) y c) son ciertas.

8. Los vehículos de uso privado dedicados al transporte de personas, excluidas las motocicletas y los ciclomotores, con capacidad de hasta nueve plazas, incluido el conductor, pasarán la ITV periódica:

a) Hasta cinco años: exentos.
b) De más de 4 años: anual.
c) De 4 a 10 años: bienal.
d) De más de diez años: semestral.

9. Los vehículos dedicados al transporte de personas, incluido el transporte escolar y de menores pasarán la ITV:

a) Hasta 2 años exento.
b) Hasta 5 años anual.
c) De más de 4 años semestral.
d) De más de 5 años anual.

10. Los vehículos y conjuntos de vehículos dedicados al transporte de mercancías o cosas, de MMA menor o igual a 3,5 t pasarán la ITV:

a) Hasta 2 años: exento.
b) De 2 a 6 años: bienal.
c) De 6 a 10 años: anual y más de 10 años: semestral.
d) Todas son correctas.

11. Los vehículos dedicados al transporte de mercancías o cosas, de MMA mayor a 3,5 t y cabezas tractoras independientes pasarán la ITV:

a) Hasta 2 años: exento.
b) Hasta 6 años: bienal.
c) Hasta 10 años: anual.
d) Hasta 5 años: anual.

12. Los remolques concebidos y fabricados para el transporte de mercancías o de personas, así como para alojar personas están exentos de ITV:

a) Hasta los 4 años.
b) Hasta los 5 años.
c) Hasta los 6 años.
d) Ninguna es correcta.

13. Los tractores agrícolas pasarán revisión anual a partir de los:

a) 6 años.
b) 8 años.
c) 10 años.
d) 16 años.

14. Los vehículos especiales destinados a obras y servicios y maquinaria auto-propulsada, con exclusión de aquellos cuya velocidad por construcción sea menor de 25 km/h, pasarán ITV:

a) Hasta 4 años: exento.
b) De 4 a 10 años: bienal.
c) De más de 10 años: anual.
d) Todas son correctas.

15. Las estaciones transformadoras móviles y vehículos adaptados para la maquinaria del circo o ferias recreativas ambulantes pasarán ITV bienal:

a) De 4 a 6 años.
b) De más de 10 años.
c) De 6 a 8 años.
d) De 8 a 10 años.

16. La antigüedad del vehículo a efectos de inspección técnica deberá ser computada:

a) A partir de la fecha de matriculación que conste en el permiso de circulación.
b) A partir de la fecha que consta en su tarjeta de transportes.
c) A partir de la fecha que consta en la póliza del seguro obligatorio.
d) A partir de la fecha de compra del vehículo.

17. Los vehículos de escuela de conductores dedicados al transporte de personas de hasta 9 plazas se someterán a ITV:

a) Hasta dos años: exento.
b) De dos a cinco años: anual.
c) De más de cinco años: semestral.
d) Todas son correctas.

18. Las ambulancias y vehículos de servicio público dedicados al transporte de personas, incluido el transporte escolar, con o sin aparato taxímetro se someterán a ITV:

a) De más de cinco años: semestral.
b) De más de cuatro años: semestral.
c) De más de dos años: anual.
d) De más de tres años: semestral.

19. Al titular del vehículo que haya incumplido lo ordenado en materia de inspecciones periódicas, con el único objetivo de continuar el viaje y proceder a su traslado para someterse a la inspección técnica, se le concederá un plazo de:

a) 5 días.
b) 10 días.
c) 15 días.
d) 20 días.

20. Los defectos en materia de inspección técnica se clasifican en:

a) Leves, graves y muy graves.
b) Graves y muy graves.
c) Leves y graves.
d) Menos graves, graves y muy graves.

En MADTEST tienes **más preguntas de este tema**, y todos tus avances quedan registrados y se reflejan en el ranking.

¡Supera tus límites con MADTEST!

Solución al test n.º 3

1. a) El Real Decreto 920/2017, de 23 de octubre.

2. c) Articulo 3.

3. c) A todos los vehículos matriculados en España.

4. b) Articulo 6.

5. a) Hasta los primeros 4 años están exentos.

6. d) Las respuestas b) y c) son ciertas.

7. d) Las respuestas a) y c) son ciertas.

8. c) De 4 a 10 años: bienal.

9. b) Hasta 5 años anual.

10. d) Todas son correctas.

11. c) Hasta 10 años: anual.

12. d) Ninguna es correcta.

13. d) 16 años.

14. d) Todas son correctas.

15. a) De 4 a 6 años.

16. a) A partir de la fecha de matriculación que conste en el permiso de circulación.

17. d) Todas son correctas.

18. a) De más de cinco años: semestral.

19. b) 10 días.

20. a) Leves, graves y muy graves.

TEST N.º 4

Sistema de alumbrado, alimentación, lubricación, refrigeración y eléctrico: clases, funcionamiento, mantenimiento, averías y reglajes

1. ¿Cuál es la función principal del puente rectificador o placa de diodos situado en el alternador?

a) Transformar la corriente continua de la batería en alterna para el estátor.
b) Transformar la corriente alterna generada en el estátor en corriente continua para el uso del vehículo.
c) Regular la tensión de salida para que no supere los 12 voltios.
d) Excitar las bobinas del rotor para crear el campo magnético.

2. En una batería de plomo-ácido convencional, ¿de qué material está compuesto el recubrimiento de las placas positivas?

a) Plomo esponjoso.
b) Peróxido de plomo (PbO2).
c) Sulfato de plomo.
d) Antimonio puro.

3. ¿Qué indica el código "SAE" en un envase de aceite lubricante?

a) El nivel de calidad y las especificaciones del fabricante del motor.
b) El grado de viscosidad del aceite a determinadas temperaturas.
c) La compatibilidad con motores diésel o gasolina.
d) La base química (mineral o sintética) del lubricante.

4. En el sistema de refrigeración, ¿cuál es la función técnica del termostato cuando el motor está frío?

a) Activar el electroventilador para forzar el paso de aire.
b) Permitir el paso libre del líquido hacia el radiador para su enfriamiento inmediato.

c) Permanecer cerrado para que el líquido recircule por el bloque y alcance rápidamente la temperatura de régimen.

d) Aumentar la presión del circuito para evitar la cavitación de la bomba.

5. ¿Qué síntoma visual en el humo de escape indica que el motor está consumiendo aceite debido a un desgaste interno?

a) Humo de color blanco denso y persistente.

b) Humo de color negro o gris oscuro.

c) Humo de color azulado.

d) Vapor de agua que se disipa rápidamente.

6. Las lámparas de descarga de gas xenón requieren para su funcionamiento inicial:

a) Una tensión estabilizada de 12 V continuos.

b) Una descarga de alta tensión (entre 20.000 y 30.000 V) generada por un balastro electrónico.

c) Un calentamiento previo de 30 segundos mediante resistencia.

d) Una conexión directa al alternador sin pasar por fusibles.

7. ¿Qué precaución específica debe observarse al manipular lámparas halógenas de cuarzo?

a) No tocarlas directamente con los dedos para evitar que la grasa cutánea altere el cristal.

b) Limpiarlas con aceite mineral antes de su instalación.

c) Instalarlas siempre con el circuito bajo tensión para verificar su encendido.

d) Lijar los contactos del casquillo para mejorar la conductividad.

8. En la nomenclatura de un aceite multigrado "SAE 10W40", ¿qué indica la cifra que precede a la letra W?

a) La viscosidad del aceite a temperatura de funcionamiento (100 ºC).

b) El grado de viscosidad en frío, relacionado con la facilidad de arranque a bajas temperaturas.

c) El porcentaje de aditivos detergentes que contiene la mezcla.

d) La temperatura máxima ambiental (40 ºC) que soporta el aceite.

9. ¿Cuál es el electrolito utilizado en las baterías de plomo-ácido de automoción?

a) Una solución de agua destilada y ácido clorhídrico.

b) Agua desmineralizada pura.

c) Una disolución de ácido sulfúrico en agua destilada.

d) Una mezcla de agua y etilenglicol.

10. Si el testigo de carga de la batería se enciende en el cuadro de instrumentos con el motor en marcha, ¿cuál es la causa más probable?

a) La batería está completamente cargada.
b) El motor de arranque tiene las escobillas desgastadas.
c) Hay un exceso de nivel de electrolito en la batería.
d) El alternador no está generando corriente, posiblemente por rotura de la correa.

11. ¿Qué elemento del sistema de lubricación tiene la misión de regular la presión máxima de aceite en el circuito?

a) El filtro de aceite.
b) La válvula de descarga o limitadora de presión.
c) El manocontacto de presión.
d) La bomba de engranajes.

12. En un circuito de refrigeración presurizado, el tapón del vaso de expansión incorpora una válvula tarada para:

a) Permitir la salida libre de vapores a la atmósfera constantemente.
b) Mantener una presión interna que eleve el punto de ebullición del líquido refrigerante.
c) Evitar que el líquido se congele a bajas temperaturas.
d) Filtrar las impurezas del líquido refrigerante.

13. ¿Qué indica la clasificación API "C" en un aceite de motor (ej. API CJ-4)?

a) Que el aceite es específico para motores de gasolina (Compresión).
b) Que el aceite es específico para motores diésel (Compression).
c) Que es un aceite mineral de baja calidad.
d) Que es un aceite para transmisiones y Cajas de cambio.

14. ¿Cuál es la función del solenoide o relé de arranque en el motor de arranque?

a) Generar la corriente de alta tensión para las bujías.
b) Rectificar la corriente alterna a continua.
c) Desplazar el piñón Bendix para que engrane con el volante motor y cerrar el circuito eléctrico del motor de arranque.
d) Refrigerar el motor eléctrico durante el arranque.

15. El mantenimiento de primer nivel de la batería incluye:

a) Rellenar los vasos con ácido sulfúrico puro si baja el nivel.
b) Engrasar los bornes con vaselina neutra tras su limpieza y apriete.
c) Lijar las placas internas de plomo cada revisión.
d) Cambiar el electrolito completo cada dos años.

16. ¿Qué función cumple el "Intercooler" en el sistema de alimentación de un motor sobrealimentado?

a) Enfriar el aceite del turbocompresor.
b) Enfriar el aire de admisión comprimido por el turbo para aumentar su densidad y la potencia del motor.
c) Calentar el aire de admisión para facilitar el arranque en frío.
d) Filtrar las partículas sólidas del aire antes de entrar al turbo.

17. ¿Cuándo debe activarse el electroventilador del sistema de refrigeración?

a) Siempre que el motor esté en marcha.
b) Cuando el vehículo supera los 80 km/h para ayudar al flujo de aire.
c) Cuando el líquido refrigerante supera una temperatura determinada (aprox. 92-95 ºC), detectada por el termocontacto.
d) Únicamente cuando se conecta el aire acondicionado.

18. En caso de rotura de la correa de accesorios en marcha, ¿qué sistemas suelen dejar de funcionar inmediatamente?

a) Únicamente el aire acondicionado.
b) El alternador y, habitualmente, la bomba de agua y la dirección asistida.
c) El sistema de frenos y el motor de arranque.
d) El cierre centralizado y los elevalunas.

19. ¿Qué indica un humo de escape de color negro intenso en un motor diésel?

a) Entrada de agua en la cámara de combustión.
b) Mezcla demasiado rica (exceso de combustible o falta de aire) o filtro de aire obstruido.
c) Consumo excesivo de aceite por desgaste de segmentos.
d) Funcionamiento correcto a plena carga.

20. Los fusibles del sistema eléctrico se clasifican y diferencian visualmente por:

a) Su voltaje de trabajo.
b) Su tamaño físico exclusivamente.
c) La polaridad de su conexión.
d) Un código de colores que indica el amperaje máximo que soportan.

En MADTEST tienes **más preguntas de este tema**, y todos tus avances quedan registrados y se reflejan en el ranking.

¡Supera tus límites con MADTEST!

Solución al test n.º 4

1. b) Transformar la corriente alterna generada en el estátor en corriente continua para el uso del vehículo.

2. b) Peróxido de plomo (PbO2).

3. b) El grado de viscosidad del aceite a determinadas temperaturas.

4. c) Permanecer cerrado para que el líquido recircule por el bloque y alcance rápidamente la temperatura de régimen.

5. c) Humo de color azulado.

6. b) Una descarga de alta tensión (entre 20.000 y 30.000 V) generada por un balastro electrónico.

7. a) No tocarlas directamente con los dedos para evitar que la grasa cutánea altere el cristal.

8. b) El grado de viscosidad en frío, relacionado con la facilidad de arranque a bajas temperaturas.

9. c) Una disolución de ácido sulfúrico en agua destilada.

10. d) El alternador no está generando corriente, posiblemente por rotura de la correa.

11. b) La válvula de descarga o limitadora de presión.

12. b) Mantener una presión interna que eleve el punto de ebullición del líquido refrigerante.

13. b) Que el aceite es específico para motores diésel (Compression).

14. c) Desplazar el piñón Bendix para que engrane con el volante motor y cerrar el circuito eléctrico del motor de arranque.

15. b) Engrasar los bornes con vaselina neutra tras su limpieza y apriete.

16. b) Enfriar el aire de admisión comprimido por el turbo para aumentar su densidad y la potencia del motor.

17. c) Cuando el líquido refrigerante supera una temperatura determinada (aprox. 92-95 ºC), detectada por el termocontacto.

18. b) El alternador y, habitualmente, la bomba de agua y la dirección asistida.

19. b) Mezcla demasiado rica (exceso de combustible o falta de aire) o filtro de aire obstruido.

20. d) Un código de colores que indica el amperaje máximo que soportan.

TEST N.º 5

Sistemas de distribución, transmisión, suspensión, dirección y frenado: clases, funcionamiento, mantenimiento, averías y reglajes

1. Forman parte de las válvulas:

a) Cabeza y vástago.
b) Muñequilla y cola.
c) Cola y sombrerete.
d) Sombrerete y muñequilla.

2. Cabeza, vástago y cola son las partes de:

a) Los pistones.
b) Las válvulas.
c) El cigüeñal.
d) Los taqués.

3. El embrague es:

a) Un mecanismo intercalado entre el volante y la caja de cambios cuyo fin es transmitir a las ruedas la fuerza de frenado.
b) Un mecanismo intercalado entre el motor y la caja de cambios cuyo fin es transmitir a las ruedas el par obtenido en el volante motor, a voluntad del conductor.
c) El elemento de unión en un campo magnético.
d) Un mecanismo eficaz cuando la transmisión es progresiva, rígida y con cambios bruscos.

4. El disco de embrague está formado por:

a) Disco de acero y ferodos.
b) Disco de acero y plato o disco de presión.
c) Disco de presión y ferodos.
d) Disco de acero y elementos de presión.

95

5. En el sistema de mando mecánico del embrague:

a) El pedal de embrague actúa sobre un cilindro emisor que impulsa el fluido hacia un cilindro receptor que a su vez provoca el desplazamiento del collarín de empuje.

b) Un servo permite dar o aumentar la presión en el cilindro de mando que actúa sobre la palanca de desembrague.

c) El pedal de embrague se une a un cable de acero que por su extremo opuesto se acopla a una horquilla que actúa sobre el collarín de embrague. Cuando el pedal de embrague no está pisado, la horquilla se mantiene retirada junto con el collarín, no atacando al plato de presión, puesto que queda una distancia entre ellos.

d) Se logra una mayor suavidad y progresividad que el sistema de mando hidráulico.

6. En el embrague automático centrífugo:

a) Un diafragma elástico de acero ejerce la presión.

b) La presión es realizada por contrapesos que actúan según la fuerza centrífuga producida por el giro del motor.

c) La presión es generada por muelles o diafragma ayudado por contrapesos.

d) La presión es efectuada por un conjunto de muelles.

7. De las siguientes afirmaciones respecto a la revisión del embrague, una es falsa; señálela:

a) Las palancas no deben presentarse desgastadas; su altura respecto al plano horizontal debe ser la especificada.

b) El casquillo de apoyo del eje primario de la caja de cambios no debe estar roto ni desgastado.

c) No es preciso comprobar holguras entre el disco y su acoplamiento al eje primario de la caja de cambios.

d) El tope de empuje no debe presentar defectos en su cojinete axial.

8. Los componentes principales de los embragues electromagnéticos son:

a) Válvula reguladora de presión de aceite, válvula manual y válvulas de paso y de secuencia.

b) Bobina, armadura, casquillo de arrastre y polvo magnético.

c) Corona, satélites y planetarios.

d) Piñón receptor, árbol secundario y corona puente.

9. El principio de funcionamiento del embrague hidráulico se basa en:

a) Transmitir energía, mediante un fluido, desde una bomba hacia una turbina. La primera toma el movimiento del motor, la segunda lo transmite a la caja de cambios.

b) La acción electromagnética que ejerce una masa polar montada en el volante de inercia que hace que se transmita o no el movimiento a la caja de cambios.

c) Aumentar el par a la salida (aprovecha la fuerza centrífuga perdida por el resbalamiento del aceite), actúa como un embrague cuando se inicia el movimiento, ejerciendo la máxima tracción (par máximo), para progresivamente ir reduciéndose la multiplicación obtenida hasta igualarse los pares de entrada y salida.

d) Ninguna es cierta.

10. La caja de cambios es un elemento de transmisión que:

a) Funciona como un transformador de velocidad y como un convertidor de par.

b) Actúa como un embrague cuando finaliza el movimiento, ejerciendo la máxima tracción.

c) Como transformador de velocidad transmite el par motor a las ruedas y transfiere una potencia; esa potencia generada en el motor debe ser igual a la absorbida en llanta.

d) Como convertidor de par, permite modificar el número de revoluciones de las ruedas (velocidad del coche) y el sentido de su giro (marcha atrás).

11. En relación con las cajas de cambio de tres ejes, es cierto que:

a) Está constituida por tres árboles en paralelo con tres pares de piñones de transmisión y un piñón adicional de marcha atrás.

b) El árbol intermediario recibe movimiento del embrague. Lleva un único piñón.

c) El árbol primario lleva tres piñones labrados en el eje, más el de toma constante y el de marcha atrás.

d) El árbol secundario (eje secundario) se coloca en prolongación al primario, apoyado en su interior. Lleva tres piñones receptores, locos sobre el eje (no son solidarios al eje) y un piñón recto de marcha atrás.

12. En cajas de cambio de tres ejes, el grupo de reducción final:

a) Realiza la última reducción de par.

b) Puede tener varias disposiciones: grupo cónico, grupo cónico hipoide y grupo recto.

c) Está formado por el piñón de ataque (salida del secundario) y la corona del diferencial.

d) Todas son ciertas.

13. Las cajas de cambio de dos ejes:

a) No se aplican a coches con tracción y motor delantero.

b) Aúnan en un solo bloque caja de cambios, diferencial y par de reducción (busca la simplificación).

c) El funcionamiento es muy diferente a la caja de tres ejes, ya que la marcha atrás se consigue con dos piñones aproximadamente iguales.

d) Sufre cargas menores, puesto que efectúa la transmisión del par a través de dos pares.

14. El montaje de la caja de cambios implica realizar las siguientes operaciones excepto una; señale cuál:

a) Las juntas, retenes y pasadores deben ser sustituidos por unos nuevos.

b) Se lubrican todos los componentes antes de ser montados, manteniéndose además una limpieza escrupulosa durante todo el proceso.

c) Al ensamblar los piñones y sincronizadores sobre el eje, verificar que las holguras axiales de los piñones locos sea inferior a 0,55 mm y que el juego de montaje entre los anillos sincronizadores y el cubo no supere los 0,60 mm.

d) Al posicionar los trenes de engranajes sobre la carcasa, comprobar las holguras laterales y reglar con arandelas calibradas si es necesario.

15. ¿Qué es una caja de cambio automática?

a) Aquella en la que las distintas relaciones son seleccionadas en función de la velocidad del vehículo y del régimen, sin intervención del conductor.

b) Aquella en la que, para obtener la 5.ª se montan dos engranajes adicionales en los ejes, que multiplican, no reducen.

c) Aquella en la que el par cónico de reducción pasa a par recto.

d) Aquella en la que el mecanismo desmultiplicador nunca está constituido por trenes de engranajes epicicloidales.

16. Los componentes básicos de una caja de cambio automática son:

a) Convertidor hidráulico que transmite el movimiento desde el motor, mecanismo desmultiplicador y par cónico y diferencial (tracción delantera) o puente trasero (propulsión).

b) Convertidor neumático que transmite el movimiento desde el motor, mecanismo desmultiplicador y par cónico y diferencial (propulsión) o puente trasero (tracción delantera).

c) Convertidor hidráulico que transmite el movimiento desde los neumáticos, mecanismo desmultiplicador y par cónico y diferencial (propulsión) o puente trasero (tracción delantera).

d) Disco de acero, convertidor neumático y plato o disco de presión.

17. Los trenes epicicloidales y/o mecanismos planetarios:

a) Están formados por dos piñones (planetarios) que engrana con otros dos o tres piñones (multisatélites) que ruedan a su vez sobre una corona dentada interiormente.

b) Consigue una única reducción, frenando a los distintos componentes.

c) Están formados por un piñón (planetario) que engrana con otros dos o tres piñones (satélites) que ruedan a su vez sobre una corona dentada interiormente.

d) Las opciones b) y c) son correctas.

18. En una caja de cambio automática, frenando el eje portasatélites y moviendo el planetario:

a) Se invierte y desmultiplica el giro de la corona.

b) Se logra una desmultiplicación grande en el eje portasatélites.

c) Se obtiene una desmultiplicación pequeña en el eje portasatélites.

d) Se consigue una transmisión directa de todo el conjunto.

19. Con las cajas de cambios automáticas, uniendo un embrague o convertidor hidráulico, tres trenes de engranajes epicicloidales, dos sistemas de embrague y dos sistemas de frenos de cinta, se consiguen:

a) Cuatro velocidades y marcha atrás.
b) Cinco velocidades y marcha atrás.
c) Cinco velocidades.
d) Cuatro velocidades.

20. Los mecanismos que, junto con los elementos hidráulicos de mando, realizan la selección automática de marchas, son:

a) Embragues, frenos, rueda libre y rueda de aparcamiento.
b) Válvula reguladora de presión de aceite, válvula manual y válvulas de paso y de secuencia.
c) Embragues, frenos, rueda engranada y rueda de seguridad.
d) Embragues, frenos y rueda engranada de giro centrífugo.

En MADTEST tienes **más preguntas de este tema**, y todos tus avances quedan registrados y se reflejan en el ranking.

¡Supera tus límites con MADTEST!

Solución al test n.º 5

1. a) Cabeza y vástago.

2. b) Las válvulas.

3. b) Un mecanismo intercalado entre el motor y la caja de cambios cuyo fin es transmitir a las ruedas el par obtenido en el volante motor, a voluntad del conductor.

4. a) Disco de acero y ferodos.

5. c) El pedal de embrague se une a un cable de acero que por su extremo opuesto se acopla a una horquilla que actúa sobre el collarín de embrague. Cuando el pedal de embrague no está pisado, la horquilla se mantiene retirada junto con el collarín, no atacando al plato de presión, puesto que queda una distancia entre ellos.

6. b) La presión es realizada por contrapesos que actúan según la fuerza centrífuga producida por el giro del motor.

7. c) No es preciso comprobar holguras entre el disco y su acoplamiento al eje primario de la caja de cambios.

8. b) Bobina, armadura, casquillo de arrastre y polvo magnético.

9. a) Transmitir energía, mediante un fluido, desde una bomba hacia una turbina. La primera toma el movimiento del motor, la segunda lo transmite a la caja de cambios.

10. a) Funciona como un transformador de velocidad y como un convertidor de par.

11. d) El árbol secundario (eje secundario) se coloca en prolongación al primario, apoyado en su interior. Lleva tres piñones receptores, locos sobre el eje (no son solidarios al eje) y un piñón recto de marcha atrás.

12. d) Todas son ciertas.

13. b) Aúnan en un solo bloque caja de cambios, diferencial y par de reducción (busca la simplificación).

14. c) Al ensamblar los piñones y sincronizadores sobre el eje, verificar que las holguras axiales de los piñones locos sea inferior a 0,55 mm y que el juego de montaje entre los anillos sincronizadores y el cubo no supere los 0,60 mm.

15. a) Aquella en la que las distintas relaciones son seleccionadas en función de la velocidad del vehículo y del régimen, sin intervención del conductor.

16. a) Convertidor hidráulico que transmite el movimiento desde el motor, mecanismo desmultiplicador y par cónico y diferencial (tracción delantera) o puente trasero (propulsión).

17. c) Están formados por un piñón (planetario) que engrana con otros dos o tres piñones (satélites) que ruedan a su vez sobre una corona dentada interiormente.

18. a) Se invierte y desmultiplica el giro de la corona.

19. a) Cuatro velocidades y marcha atrás.

20. a) Embragues, frenos, rueda libre y rueda de aparcamiento.

TEST N.º 6

Seguridad en los vehículos: elementos de seguridad en los vehículos. La seguridad activa. El cinturón de seguridad. Conducción eficiente. La seguridad pasiva. La distancia de frenado, concepto y elementos del vehículo que influyen en ella. Los neumáticos

1. Durante un traslado urgente bajo condiciones de lluvia intensa, el TES conductor debe realizar una frenada de emergencia para esquivar un obstáculo. ¿Qué sistema interviene operativamente en este instante para evitar el bloqueo de las ruedas y mantener la direccionalidad, en-cuadrándose en la seguridad activa?

a) El sistema de pretensores pirotécnicos del cinturón de seguridad, ajustando el cuerpo al respaldo.

b) El sistema antibloqueo de frenos (ABS) coordinado con el control de estabi-lidad electrónico.

c) La estructura de deformación programada de la carrocería autoportante del vehículo asistencial.

d) El sistema de limitadores de esfuerzo torácico integrados en la base del asiento del conductor.

2. Al realizar el relevo de guardia y ajustar la ergonomía de su puesto de conducción, un TES de complexión pequeña acerca su asiento al salpicadero. Para evitar lesiones graves maxilofaciales causadas por la energía de despliegue del airbag frontal en caso de colisión, ¿qué cota mínima de seguridad debe mantener entre su tórax y el centro del volante?

a) Una distancia mínima de 15 centímetros, ajustando el volante siempre a su altura visual.

b) Una distancia mínima de 20 centímetros, manteniendo los brazos totalmente estirados.

c) Una distancia estricta superior a 25 centímetros, regulando la inclinación del respaldo.

d) Una distancia estricta de 45 centímetros para lograr compensar la alta velocidad de inflado.

3. Tras sufrir una colisión frontal severa a 50 km/h, el sistema de retención de la cabina se activa en milisegundos. ¿Qué dispositivo tiene la función específica de retraer la cinta del cinturón de seguridad para ceñirlo firmemente al cuerpo del ocupante antes de que inicie su desplazamiento inercial?

a) El sistema de enrollador de inercia secundario de contención.

b) El tensor de límite torácico de la banda superior diagonal.

103

c) El dispositivo pretensor de naturaleza pirotécnica o mecánica.

d) El amortiguador de expansión programada del anclaje central.

4. Durante la inspección diaria de la cabina asistencial, el TES revisa los elementos que protegerán a la dotación en caso de que un accidente resulte inevitable. ¿Cuál de los siguientes componentes actúa exclusivamente como un elemento clave de la seguridad pasiva?

a) El sistema de suspensión hidráulica y el conjunto de los amortiguadores.

b) El reposacabezas del asiento correctamente ajustado a la altura de los ojos.

c) El sistema de control de tracción electrónica (ASR) del eje directriz delantero.

d) La ergonomía del sistema de climatización y ventilación del habitáculo principal.

5. En el transcurso de una intervención en vía pública, la ambulancia sufre un alcance por detrás (colisión por alcance posterior). Atendiendo a la cinemática del trauma y a la programación de la centralita electrónica de seguridad, ¿cuál será el comportamiento operativo del sistema airbag frontal?

a) Se desplegará a su máxima potencia pirotécnica para retener el grave efecto latigazo.

b) Se desplegará únicamente el airbag del conductor para proteger su impacto contra el aro.

c) No se desplegará bajo ninguna circunstancia, ya que no está diseñado para colisiones traseras.

d) Se activará en su primera fase de volumen reducido mediante el sistema secundario de gas.

6. Un TES en formación le pregunta por qué el cinturón de seguridad debe colocarse siempre por debajo del abdomen, apoyado firmemente sobre las crestas ilíacas de la pelvis. ¿Cuál es la justificación técnica y biomecánica correcta de esta norma estandarizada?

a) Para garantizar que la banda torácica no interfiera con el ángulo de despliegue del airbag frontal.

b) Para asegurar que la enorme fuerza de retención recaiga sobre una estructura ósea rígida y no en órganos blandos.

c) Para facilitar la actuación de los pretensores mecánicos ubicados en el pilar B de la estructura del vehículo.

d) Para evitar la fractura inminente de la clavícula en el momento del impacto inercial directo contra el volante.

7. Durante un servicio preventivo, un compañero comenta que no ajusta su cinturón de seguridad porque la cabina cuenta con múltiples airbags de última generación. ¿Cómo debe corregir operativamente esta falsa creencia de seguridad?

a) Indicando que el airbag es el sistema principal de protección y el cinturón solo actúa como una retención secundaria.

b) Explicando que el airbag es un sistema de protección suplementario y su eficacia requiere obligatoriamente el uso del cinturón.

c) Advirtiendo que el airbag solo ofrece protección en caso de vuelco, mientras que el cinturón protege en colisiones frontales.

d) Señalando que el airbag frontal se desactiva electrónicamente de forma automática si no detecta suficiente peso en el asiento.

8. En el momento exacto de un choque frontal a 60 km/h, la energía liberada provoca una enorme tensión de retención del cinturón sobre el tórax del conductor. ¿Qué dispositivo del sistema de retención interviene para relajar progresivamente esta presión y evitar fracturas costales severas?

a) El limitador de esfuerzo o de carga torácica.
b) El mecanismo pretensor pirotécnico de cierre.
c) El anclaje isofix de deformación plástica estructural.
d) El cojín de protección pélvica de expansión controlada.

9. Si usted observa restos de un polvo fino blanquecino flotando en el habitáculo tras el disparo de los airbags en un siniestro vial, ¿qué valoración técnica debe realizar inmediatamente como primer interviniente?

a) Declarar un riesgo inminente de incendio por ignición térmica de los componentes del bloque motor.

b) Asumir operativamente que se trata de un residuo normal derivado del propio inflado pirotécnico o de gas.

c) Considerar que se han fracturado e inyectado en cabina los microcristales laminados del parabrisas delantero.

d) Ordenar la evacuación inmediata de todos los intervinientes por inhalación de gases altamente tóxicos y letales.

10. Mientras circula por una calzada rural con baches severos, el TES nota que la ambulancia pierde tracción continuamente y el chasis rebota en exceso. Atendiendo a la clasificación técnica, este fallo de amortiguación compromete un elemento vital de la:

a) Seguridad pasiva estructural complementaria.
b) Seguridad activa dinámica de prevención.
c) Seguridad preventiva de carácter auxiliar.
d) Seguridad ergonómica estática y direccional.

11. Usted recibe una ambulancia de nueva adquisición en su base y comprueba que dispone de lunas con cristales laminados de última tecnología. ¿A qué categoría de protección pertenece este diseño destinado a evitar fragmentos cortantes durante la deformación del chasis?

a) Seguridad activa dinámica del vehículo.
b) Seguridad cinemática de evitación de riesgos.

c) Seguridad perimetral de respuesta dinámica.

d) Seguridad pasiva orientada a minimizar daños.

12. ¿Por qué es fundamental que la carrocería autoportante de la Unidad Medicalizada de Emergencias disponga de amplias "zonas de deformación programada" en sus partes frontal y trasera?

a) Para aumentar la aerodinámica general del chasis y reducir severamente el coeficiente de rozamiento al viento.

b) Para absorber de manera progresiva la energía cinética del impacto, protegiendo el habitáculo indeformable de supervivencia.

c) Para facilitar las maniobras mecánicas de descarcelación y corte realizadas por los equipos de rescate de bomberos.

d) Para reducir la masa bruta estructural del vehículo y poder cumplir legalmente con el límite de peso de 3.500 kg.

13. Tras un accidente donde se han disparado los pretensores de los cinturones de la cabina, la ambulancia es enviada a un taller para su reparación de chapa. Respecto a estos componentes de retención concretos, ¿qué intervención técnica es estrictamente obligatoria?

a) Su rearmado mecánico meticuloso mediante las herramientas especiales suministradas por el fabricante.

b) Su lubricación interna y la posterior comprobación de elasticidad tensil en un banco de pruebas homologado.

c) Su sustitución completa e ineludible por componentes nuevos, dado que son dispositivos de un solo uso.

d) Su reprogramación informática a través del puerto de diagnóstico en la centralita de seguridad del vehículo.

14. Circulando a alta velocidad en autovía durante el mes de julio, el conductor nota que la climatización se avería, aumentando la temperatura interior a 32ºC. ¿En qué aspecto concreto de la conducción impacta negativamente esta condición ambiental hostil?

a) Exclusivamente en la seguridad pasiva, aumentando la relajación muscular y el riesgo de sufrir latigazo cervical severo.

b) En la seguridad activa fisiológica, mermando la capacidad de atención y aumentando peligrosamente la fatiga del conductor.

c) En la integridad mecánica del sistema antibloqueo de frenos al perder densidad y viscosidad el líquido hidráulico.

d) En la eficacia termodinámica y el tiempo de despliegue milimétrico del sistema de airbag de cortina lateral.

15. Todo vehículo de emergencias moderno fundamenta su prevención de accidentes en tres componentes mecánicos considerados el "triángulo de la seguridad activa". Estos elementos vitales para mantener el control en situaciones extremas son:

a) El cinturón de seguridad, el dispositivo pretensor pirotécnico y el limitador de esfuerzo torácico.

b) El estado de los neumáticos, la eficacia del sistema de suspensión y el rendimiento del sistema de frenos.

c) La columna de dirección colapsable, el airbag frontal de doble fase y los faros halógenos direccionales.

d) El habitáculo estructural indeformable, el sistema ABS de alta frecuencia y las lunas de cristales laminados.

16. Durante una maniobra evasiva, el TES frena súbitamente y percibe que el pedal vibra de forma violenta bajo su pie, pero le permite mantener la capacidad de girar el volante para sortear un vehículo averiado. Esta vibración pulsátil es el indicativo operativo normal del:

a) Sistema de Control de Tracción (TCS) perdiendo adherencia motriz en el tren delantero direccional.

b) Bloqueo mecánico e irrecuperable de las pastillas de freno ocasionado por un exceso térmico en el disco.

c) Sistema Antibloqueo de Frenos (ABS) liberando y aplicando presión hidráulica intermitentemente para evitar el patinaje.

d) Defecto físico grave en la alineación geométrica de la columna de dirección asistida de la furgoneta.

17. En un debate sobre la activación independiente de los distintos elementos de seguridad pasiva, se plantea cómo decide el vehículo el momento crítico. ¿Qué parámetro físico detecta la unidad de control electrónica para ordenar el disparo inmediato de los airbags?

a) La deformación visual y la rotura estructural del parachoques y la defensa delantera.

b) La superación súbita de unos valores prefijados de deceleración brusca, medida por sensores de fuerza inercial.

c) El impacto directo físico y volumétrico sobre los sensores ultrasónicos alojados en el interior de los neumáticos.

d) La pérdida total y repentina de presión de frenado en el circuito hidráulico primario del vehículo asistencial.

18. En caso de una colisión lateral severa contra el lateral izquierdo de la ambulancia, ¿qué dispositivo de seguridad pasiva entrará en funcionamiento específico para evitar el traumatismo craneal del TES contra la ventanilla?

a) El tensor inercial torácico de la puerta.

b) Las barras estabilizadoras de impacto lateral.

c) El sistema de airbag lateral de cortina.

d) El reposacabezas de deformación lateral.

19. El TES debe transportar a una paciente embarazada de siete meses acomodada en el asiento del copiloto de la ambulancia. Atendiendo a las directrices de seguridad maternofetal, ¿cómo debe colocar la banda inferior (abdominal) del cinturón de seguridad?

a) Dejándola totalmente holgada para no ejercer ninguna presión sobre el feto en caso de presentarse una colisión frontal.

b) Cruzando de forma transversal el centro del abdomen por encima del fondo uterino para asegurar la retención de la masa corporal.

c) Omitiendo su uso por completo y empleando de manera exclusiva el anclaje cruzado de la banda diagonal superior o torácica.

d) Ajustada lo más abajo posible, pasando por debajo del abdomen gestante y ciñéndola firmemente sobre los huesos de la pelvis.

20. Para optimizar su función protectora anatómica y minimizar el riesgo de sufrir un esguince cervical (latigazo), el borde superior del reposacabezas de los asientos del TES debe ajustarse posicionalmente de forma estricta:

a) Al nivel inferior de la nuca, permitiendo que la cabeza pueda flexionar hacia atrás absorbiendo el impacto.

b) Al mismo nivel que la parte superior de la cabeza o, como mínimo aceptable, a la altura de los ojos del ocupante.

c) A unos diez centímetros por debajo de los hombros del ocupante para evitar lesiones por compresión clavicular.

d) En posición totalmente abatida si no se conduce a gran velocidad, para así facilitar la máxima visión periférica trasera.

En MADTEST tienes **más preguntas de este tema**, y todos tus avances quedan registrados y se reflejan en el ranking.

¡Supera tus límites con MADTEST!

Solución al test n.º 6

1. b) El sistema antibloqueo de frenos (ABS) coordinado con el control de estabilidad electrónico.

2. c) Una distancia estricta superior a 25 centímetros, regulando la inclinación del respaldo.

3. c) El dispositivo pretensor de naturaleza pirotécnica o mecánica.

4. b) El reposacabezas del asiento correctamente ajustado a la altura de los ojos.

5. c) No se desplegará bajo ninguna circunstancia, ya que no está diseñado para colisiones traseras.

6. b) Para asegurar que la enorme fuerza de retención recaiga sobre una estructura ósea rígida y no en órganos blandos.

7. b) Explicando que el airbag es un sistema de protección suplementario y su eficacia requiere obligatoriamente el uso del cinturón.

8. a) El limitador de esfuerzo o de carga torácica.

9. b) Asumir operativamente que se trata de un residuo normal derivado del propio inflado pirotécnico o de gas.

10. b) Seguridad activa dinámica de prevención.

11. d) Seguridad pasiva orientada a minimizar daños.

12. b) Para absorber de manera progresiva la energía cinética del impacto, protegiendo el habitáculo indeformable de supervivencia.

13. c) Su sustitución completa e ineludible por componentes nuevos, dado que son dispositivos de un solo uso.

14. b) En la seguridad activa fisiológica, mermando la capacidad de atención y aumentando peligrosamente la fatiga del conductor.

15. b) El estado de los neumáticos, la eficacia del sistema de suspensión y el rendimiento del sistema de frenos.

16. c) Sistema Antibloqueo de Frenos (ABS) liberando y aplicando presión hidráulica intermitentemente para evitar el patinaje.

17. b) La superación súbita de unos valores prefijados de deceleración brusca, medida por sensores de fuerza inercial.

18. c) El sistema de airbag lateral de cortina.

19. d) Ajustada lo más abajo posible, pasando por debajo del abdomen gestante y ciñéndola firmemente sobre los huesos de la pelvis.

20. b) Al mismo nivel que la parte superior de la cabeza o, como mínimo aceptable, a la altura de los ojos del ocupante.

TEST N.º 7

La vía: peligros concretos en curvas e intersecciones. Obstáculos en la calzada. Conducción nocturna. Conducción en condiciones climatológicas y ambientales adversas. La distancia en el frenado, elementos de la vía que influyen en ella. Conducción defensiva con tráfico denso

1. La maniobra menos conflictiva en una intersección es:

a) La de cambio a la derecha.
b) La de franqueo de frente.
c) La de cambio a la izquierda.
d) La salida de rotonda.

2. En una glorieta el comportamiento del conductor en cuanto a prioridad de paso:

a) Viene marcado por la norma debiendo ceder siempre el paso a quien circula por el interior.
b) La señalización siempre sirve para reforzar o recordar la norma.
c) La señalización puede romper la norma estableciendo un comportamiento diferente.
d) Las respuestas a) y b) son correctas.

3. Como consecuencia de la acción del conductor al girar el volante, se genera una aceleración:

a) Centrípeta.
b) Centrífuga.
c) Inercial.
d) De deriva.

4. En un vehículo subvirador:

a) La trayectoria es más abierta que la teórica.
b) La trayectoria es más cerrada que la teórica.
c) El centro de gravedad se encuentra atrasado.
d) Ninguna es correcta.

5. En un vehículo sobrevirador:

a) La trayectoria es más abierta que la teórica.
b) La trayectoria es más cerrada que la teórica.
c) El centro de gravedad se encuentra atrasado.
d) Las respuestas b) y c) son correctas.

6. El ángulo "camber" o caída de las ruedas:

a) Si es positivo da influencia subvirante en el eje anterior y sobrevirante en el posterior.
b) Si es positivo da influencia sobrevirante en el eje anterior y subvirante en el posterior.
c) Si es positivo da influencia subvirante.
d) Si es positivo da influencia sobrevirante.

7. El ángulo "caster":

a) Es el eje de convergencia.
b) Determina el rápido retorno del volante después de efectuar el giro, facilitando la marcha en línea recta.
c) Es determinado por la caída de las ruedas.
d) Es debido a la atracción eléctrica que tiene lugar entre las moléculas de las superficies en contacto.

8. Produce un efecto sobrevirador:

a) Una convergencia en el eje posterior.
b) Aquel que tiene un mayor ángulo de deriva en el eje delantero que en el trasero.
c) La aceleración del motor en curva.
d) Ninguno de los anteriores es correcto.

9. La histéresis:

a) Determina el rápido retorno del volante después de efectuar el giro, facilitando la marcha en línea recta.
b) Consiste en el retardo en recuperar la forma primitiva que tiene lugar en el caucho del neumático sometido a deformación.
c) Es debida a la atracción eléctrica que tiene lugar entre las moléculas de las superficies en contacto.
d) Es la fuerza opuesta a la centrífuga.

10. Para circular con seguridad en las curvas es cierto que se debe:

a) Circular de forma que se deje siempre completamente libre la zona que corresponde al sentido contrario.
b) Moderar la velocidad de aproximación no superando los límites de velocidad aconsejados.

c) Es preferible siempre entrar en la curva a una velocidad inferior y aumentar la velocidad dentro de ella y evitar cualquier frenado en la propia curva, de esta forma se aumenta la capacidad de agarre del neumático y a la vez se evita el riesgo de derrape.

d) Todas son correctas.

11. El Reglamento General de Circulación regula las normas sobre actividades que afectan a la seguridad de la circulación en su:

a) Artículo 3.
b) Artículo 4.
c) Artículo 5.
d) Artículo 6.

12. La realización de obras, instalaciones, colocación de contenedores, mobiliario urbano o cualquier otro elemento u objeto de forma permanente o provisional en las vías o terrenos objeto de aplicación de la legislación sobre tráfico, circulación de vehículos a motor y seguridad vial necesitará la autorización previa de:

a) La DGT.
b) La JPT.
c) El titular de la vía.
d) La Guardia Civil.

13. Se prohíbe arrojar, depositar o abandonar sobre la vía objetos o materias que puedan:

a) Entorpecer la libre circulación, parada o estacionamiento.
b) Hacerlos peligrosos o deteriorar aquella o sus instalaciones.
c) Producir en ella o en sus inmediaciones efectos que modifiquen las condiciones apropiadas para circular, parar o estacionar.
d) Todas son correctas.

14. La señalización de obstáculos y peligros se establece en el:

a) Artículo 3.
b) Artículo 4.
c) Artículo 5.
d) Artículo 6.

15. Quienes hubieran creado sobre la vía algún obstáculo o peligro:

a) Deberán hacerlo desaparecer lo antes posible.
b) Adoptarán entre tanto las medidas necesarias para que pueda ser advertido por los demás usuarios.

c) Adoptarán entre tanto las medidas necesarias para que no se dificulte la circulación.

d) Todas son correctas.

16. No se considerarán obstáculos en la calzada los resaltos en los pasos para peatones y bandas transversales:

a) Siempre que cumplan la regulación básica establecida al efecto por el Ministerio de Interior y se garantice la seguridad vial de los usuarios y, en particular, de los ciclistas.

b) Siempre que cumplan la regulación básica establecida al efecto por el Ministerio de Industria y se garantice la seguridad vial de los usuarios y, en particular, de los ciclistas.

c) Siempre que cumplan la regulación básica establecida al efecto por el Ministerio de Fomento y se garantice la seguridad vial de los usuarios y, en particular, de los ciclistas.

d) Siempre que cumplan la regulación básica establecida al efecto por la DGT y se garantice la seguridad vial de los usuarios y, en particular, de los ciclistas.

17. Para advertir la presencia en la vía de cualquier obstáculo o peligro creado, el causante de este deberá señalizarlo de forma eficaz:

a) De noche.

b) Tanto de día como de noche.

c) Entre la puesta y la salida del sol.

d) Entre la puesta y la salida del sol, así como en condiciones de baja visibilidad.

18. Todas las actuaciones que deban desarrollar los servicios de asistencia mecánica, sanitaria o cualquier otro tipo de intervención deberán regirse por los principios de utilización de los recursos:

a) Idóneos y estrictamente necesarios en cada caso.

b) Idóneos y tan numerosos como sea posible en cada caso.

c) Mínimos y estrictamente imprescindibles en cada caso.

d) Más adecuados y estrictamente imprescindibles en cada caso.

19. Un obstáculo en la vía representa un riesgo para el conductor que ante su presencia deberá como norma general:

a) Moderar la velocidad.

b) Aumentar la atención.

c) Aumentar la distancia de seguridad para evitar colisiones.

d) Todas son correctas.

20. Con la calzada mojada, en caso de frenado, debe realizarse:

a) Con fuerza sujetando fuertemente el volante.
b) Con suavidad y de manera progresiva.
c) Con pulsaciones largas y repetidas.
d) Con freno de pie y con suaves toques en el freno de mano.

En MADTEST tienes **más preguntas de este tema**, y todos tus avances quedan registrados y se reflejan en el ranking.

¡Supera tus límites con MADTEST!

Solución al test n.º 7

1. c) La de cambio a la izquierda.

2. c) La señalización puede romper la norma estableciendo un comportamiento diferente.

3. a) Centrípeta.

4. a) La trayectoria es más abierta que la teórica.

5. d) Las respuestas b) y c) son correctas.

6. a) Si es positivo da influencia subvirante en el eje anterior y sobrevirante en el posterior.

7. b) Determina el rápido retorno del volante después de efectuar el giro, facilitando la marcha en línea recta.

8. c) La aceleración del motor en curva.

9. b) Consiste en el retardo en recuperar la forma primitiva que tiene lugar en el caucho del neumático sometido a deformación.

10. d) Todas son correctas.

11. b) Artículo 4.

12. c) El titular de la vía.

13. d) Todas son correctas.

14. c) Artículo 5.

15. d) Todas son correctas.

16. c) Siempre que cumplan la regulación básica establecida al efecto por el Ministerio de Fomento y se garantice la seguridad vial de los usuarios y, en particular, de los ciclistas.

17. b) Tanto de día como de noche.

18. a) Idóneos y estrictamente necesarios en cada caso.

19. d) Todas son correctas.

20. b) Con suavidad y de manera progresiva.

TEST N.º 8

Las limitaciones legales de velocidad. La adecuación de la velocidad a las circunstancias del tráfico. Travesías. El respeto a los viandantes y a otros usuarios de la vía pública

1. Las normas sobre velocidad se recogen en el Reglamento General de Circulación en su:

a) Capítulo I.
b) Capítulo II.
c) Capítulo III.
d) Capítulo IV.

2. En carreteras convencionales la velocidad máxima será:

a) Turismos y motocicletas, 90 kilómetros por hora.
b) Autobuses, vehículos derivados de turismos y vehículos mixtos adaptables, 80 kilómetros por hora.
c) Camiones, tractocamiones, furgones, autocaravanas, vehículos articulados y automóviles con remolque, 70 kilómetros por hora.
d) Todas son correctas.

3. Para los vehículos que realicen transporte escolar y de menores o que transporten mercancías peligrosas, la velocidad máxima fijada en función del tipo de vehículo y de la vía por la que circula se reducirá en:

a) 10 kilómetros por hora.
b) 20 kilómetros por hora.
c) 30 kilómetros por hora.
d) 15 kilómetros por hora.

4. Las velocidades máximas fijadas en vías interurbanas y urbanas podrán ser rebasadas en supuestos de adelantamiento en:

a) 20 kilómetros por hora.
b) 10 kilómetros por hora.

c) 20 kilómetros por hora solo para turismos y motocicletas.
d) Ninguna es correcta.

5. Para vehículos especiales y conjuntos de vehículos, también especiales, aunque solo tenga tal naturaleza uno de los que integran el conjunto si carecen de señalización de frenado, llevan remolque o son motocultores la velocidad máxima será de:

a) 20 kilómetros por hora.
b) 25 kilómetros por hora.
c) 30 kilómetros por hora.
d) 40 kilómetros por hora.

6. Los vehículos especiales: que puedan desarrollar una velocidad superior a los 60 kilómetros por hora en llano con arreglo a sus características, y cumplan las condiciones que se señalan en las normas reguladoras de los vehículos tendrán como velocidad máxima la de:

a) 50 kilómetros por hora.
b) 60 kilómetros por hora.
c) 70 kilómetros por hora.
d) 80 kilómetros por hora.

7. Los vehículos a los que, por razones de ensayo o experimentación, les haya sido concedido un permiso especial para ensayos podrán rebasar en cualquier vía las velocidades establecidas como máximas en:

a) 20 kilómetros por hora.
b) 25 kilómetros por hora.
c) 30 kilómetros por hora.
d) Ninguna es correcta.

8. A los ciclomotores de dos y tres ruedas y cuadriciclos en cualquier tipo de vía donde esté permitida su circulación se aplica el límite genérico de:

a) 60 kilómetros por hora.
b) 45 kilómetros por hora.
c) 80 kilómetros por hora.
d) Ninguna es correcta.

9. En autopistas y autovías, la velocidad mínima general para turismos (salvo causas justificadas) es de:

a) 80 kilómetros por hora.
b) 70 kilómetros por hora.

c) 60 kilómetros por hora.
d) 50 kilómetros por hora.

10. El límite genérico de velocidad en vías urbanas de plataforma única de calzada y acera es de:

a) 45 kilómetros por hora.
b) 10 kilómetros por hora.
c) 30 kilómetros por hora.
d) 20 kilómetros por hora.

11. Indica la respuesta correcta sobre la velocidad máxima que no deben ser rebasadas:

a) En autopistas y autovías los autobuses podrán circular a una velocidad máxima de 100 kilómetros por hora.
b) En cualquier tipo de vía donde esté permitida su circulación los vehículos de tres ruedas podrán circular a una velocidad máxima de 100 kilómetros por hora.
c) En autopistas y autovías las motocicletas podrán circular a una velocidad máxima de 130 kilómetros por hora.
d) En autopistas de peaje los autobuses podrán circular a una velocidad máxima de 120 kilómetros por hora.

12. En el supuesto de que en un autobús viajen pasajeros de pie porque así esté autorizado, la velocidad máxima, cualquiera que sea el tipo de vía fuera de poblado, será de:

a) 70 kilómetros por hora.
b) 80 kilómetros por hora.
c) 100 kilómetros por hora.
d) 90 kilómetros por hora.

13. Los vehículos y conjuntos de vehículos de más de 10 metros de longitud total deberán guardar una separación mínima con el que le precede de:

a) 200 metros.
b) 50 metros.
c) 300 metros.
d) 100 metros.

14. La velocidad máxima que no deberán rebasar los vehículos que transporten mercancías peligrosas en vías urbanas y travesías se establece, con carácter general, en:

a) 50 kilómetros por hora.
b) 40 kilómetros por hora.

c) 60 kilómetros por hora.
d) 55 kilómetros por hora.

15. ¿A qué tipo de conductor se permitirá circular en grupo sin mantener separación de seguridad?

a) Conductores convencionales.
b) Conductores de camiones.
c) Conductores de bicicletas.
d) Las respuestas anteriores son incorrectas.

16. La multa en el caso de celebrar una prueba deportiva de competición sin autorización ascenderá a la cantidad de:

a) 1.500 euros.
b) 500 euros.
c) 10.500 euros.
d) 1.000 euros.

17. La obligación de mantener una distancia de seguridad no será exigible:

a) Donde estuviese permitido el adelantamiento.
b) En poblado.
c) Donde solo exista un carril destinado a la circulación en su mismo sentido.
d) Todas las anteriores son correctas.

18. Según el Reglamento General de Circulación, los conductores deberán adoptar precauciones especiales al aproximarse a otros usuarios de la vía, especialmente cuando se trate de:

a) Tropas militares.
b) Cualquier vehículo que circule por el arcén.
c) Niños, ancianos, invidentes u otras personas manifiestamente impedidas.
d) Todas son correctas.

19. En caso de deslumbramiento el conductor:

a) Debe mantener la velocidad y aumentar la distancia de seguridad.
b) Debe detenerse siempre en el arcén.
c) Puede continuar si enciende las luces antiniebla delanteras.
d) Debe circular a velocidad moderada y, si fuera preciso, detener el vehículo.

20. Para la celebración de pruebas deportivas cuyo objeto sea competir en espacio o tiempo por vías o terrenos sujetos a la normativa de tráfico, es necesario:

a) Comunicarlo a la Jefatura Provincial de Tráfico con 24 horas de antelación.

b) Avisar a la autoridad municipal si pasa por travesía.

c) Disponer de seguro, pero no de autorización administrativa.

d) Autorización previa, que determinará condiciones de celebración y medidas de seguridad.

En MADTEST tienes **más preguntas de este tema**, y todos tus avances quedan registrados y se reflejan en el ranking.

¡Supera tus límites con MADTEST!

Solución al test n.º 8

1. b) Capítulo II.

2. a) Turismos y motocicletas, 90 kilómetros por hora.

3. a) 10 kilómetros por hora.

4. d) Ninguna es correcta.

5. b) 25 kilómetros por hora.

6. c) 70 kilómetros por hora.

7. d) Ninguna es correcta.

8. b) 45 kilómetros por hora.

9. c) 60 kilómetros por hora.

10. d) 20 kilómetros por hora.

11. a) En autopistas y autovías los autobuses podrán circular a una velocidad máxima de 100 kilómetros por hora.

12. b) 80 kilómetros por hora.

13. b) 50 metros.

14. b) 40 kilómetros por hora.

15. c) Conductores de bicicletas.

16. b) 500 euros.

17. b) En poblado.

18. c) Niños, ancianos, invidentes u otras personas manifiestamente impedidas.

19. d) Debe circular a velocidad moderada y, si fuera preciso, detener el vehículo.

20. d) Autorización previa, que determinará condiciones de celebración y medidas de seguridad.

TEST N.º 9

El accidente de circulación: comportamiento en el caso de accidente. Delitos contra la seguridad del tráfico

1. Durante la cobertura preventiva de un evento, un vehículo particular choca contra un muro en una travesía urbana limitada a 50 km/h. La Policía Local comprueba mediante cinemómetro que el turismo circulaba a 115 km/h. Desde una perspectiva jurídico-penal, la conducta de este conductor:

a) Supone exclusivamente una infracción administrativa muy grave por conducción negligente, al no existir otros vehículos o peatones afectados.

b) Constituye de forma automática un delito contra la seguridad vial, al superar en más de 60 km/h el límite reglamentario fijado para la vía urbana.

c) Exige demostrar pericialmente un peligro concreto y directo para la vida de terceros para que pueda ser instruido como ilícito penal.

d) Conlleva únicamente la retirada de puntos y una sanción económica, dado que los delitos de velocidad solo se aplican en vías interurbanas.

2. En un control de la Guardia Civil, un conductor arroja una tasa de 0,65 miligramos por litro en aire espirado en el etilómetro evidencial. El individuo conversa con total normalidad, su deambulación es perfecta y no presenta síntoma clínico alguno de embriaguez. Atendiendo al Código Penal, esta situación implica:

a) La imposición de una sanción administrativa, ya que el criterio sintomatológico demuestra que el conductor conserva sus facultades neuromotoras.

b) La inmovilización del vehículo sin consecuencias judiciales, puesto que los delitos de riesgo requieren la generación de una maniobra antirreglamentaria.

c) La comisión de un delito de peligro abstracto, al superar el umbral objetivo y tasado de 0,60 mg/l, independientemente de su estado clínico.

d) La instrucción de un atestado por desobediencia civil, al no existir signos evidentes que justifiquen el requerimiento de la prueba toxicológica.

3. Un TES atiende a un conductor que ha sufrido una salida de vía sin consecuencias lesivas graves. Al ser requerido por los agentes para someterse a la prueba de detección de drogas, el conductor se niega de forma rotunda y verbal alegando que no ha consumido ninguna sustancia. Este comportamiento:

a) Ejerce su derecho constitucional a no declarar contra sí mismo, derivando el parte de responsabilidad a su compañía aseguradora.

b) Tipifica un delito autónomo de desobediencia a la autoridad, castigado con pena de prisión y privación del derecho a conducir.

c) Constituye un delito de conducción temeraria al alterar la investigación biomecánica de la escena del siniestro vial.

d) Supone una falta administrativa grave sancionada con la retirada del permiso hasta que acceda voluntariamente a realizar la prueba en el hospital.

4. Al filiar los datos de un paciente que acaba de sufrir un alcance leve, los agentes constatan que su permiso de conducción caducó hace tres años por no renovar el certificado psicotécnico. Nunca ha perdido la totalidad de los puntos ni ha sido condenado judicialmente. Procesalmente, el conductor:

a) Ha cometido el delito tipificado en el artículo 384 por manejar un vehículo a motor careciendo de la autorización en vigor.

b) Se enfrenta a la aplicación de un atenuante penal por colaborar con los servicios sanitarios y no abandonar el lugar de los hechos.

c) Comete un delito de riesgo concreto que acarrea el decomiso inmediato e irreversible del turismo como instrumento del delito.

d) Incurre en una infracción administrativa, pero no en un delito penal, al no encuadrarse en los supuestos de carencia absoluta o pérdida de vigencia por puntos.

5. Un conductor atropella a un ciclista en un cruce. El ciclista sufre un politraumatismo masivo y fallece instantáneamente en el acto. El conductor se apea, comprueba que la víctima ha muerto y, preso del pánico, huye del lugar con su vehículo sin que exista riesgo propio. Según la legislación penal vigente, este individuo comete:

a) Un delito de omisión del deber de socorro cualificado por ser el causante directo del siniestro y dejar a la víctima en la calzada.

b) Un delito de denegación de asistencia, al no activar de forma precoz la cadena de supervivencia llamando al centro coordinador de emergencias 112.

c) Un delito autónomo de abandono del lugar del accidente, dado que la víctima ha fallecido in situ y no concurre el requisito de desamparo vital.

d) Un delito de homicidio imprudente agravado por conducción temeraria con manifiesto desprecio por la vida de los demás usuarios.

6. Un profesional de emergencias sanitarias, circulando con su coche particular fuera de servicio, presencia la caída de un vehículo por un desfiladero escarpado. Descender para asistir a los heridos implica un riesgo extremo y evidente de caída mortal para él. Para no incurrir en responsabilidad penal, su actuación obligatoria es:

a) Descender extremando las precauciones, puesto que su posición de garante como sanitario le obliga a intervenir bajo cualquier circunstancia ambiental.

b) Demandar de forma inmediata el auxilio ajeno llamando al 112, cumpliendo así con la modalidad subsidiaria de la omisión del deber de socorro.

c) Omitir la intervención y continuar su viaje, amparándose en la eximente absoluta de riesgo propio y desproporcionado estipulada en el Código Penal.

d) Permanecer inactivo en el arcén a la espera de que acudan otros conductores con cuerdas, sin necesidad de realizar ninguna activación telefónica.

7. Durante un turno de guardia, la dotación de una ambulancia recibe un aviso por un varón inconsciente en la vía pública. Al llegar, el TES asume erróneamente que se trata de un indigente dormido y decide abandonar el lugar sin registrar constantes vitales. Horas después, el paciente fallece por un hematoma subdural. Este profesional se enfrenta a:

a) Un delito básico de omisión del deber de socorro castigado con pena de multa, al no haber sido el causante directo de la lesión craneal.

b) El delito especial de denegación de asistencia sanitaria, que conlleva las penas agravadas en su mitad superior más la inhabilitación especial profesional.

c) Un expediente disciplinario interno por mala praxis clínica, quedando exento de responsabilidad penal al tratarse de un diagnóstico visual equivocado.

d) Un delito de homicidio doloso en grado de tentativa, al demostrarse un manifiesto desprecio por los protocolos del sistema extrahospitalario.

8. La jurisprudencia del Tribunal Supremo establece que, para la consumación íntegra del delito de omisión del deber de socorro (artículo 195 CP), resulta normativamente imprescindible que la víctima se encuentre:

a) En parada cardiorrespiratoria, precisando la aplicación inmediata de maniobras de reanimación y el uso de un desfibrilador externo.

b) Estrictamente sola en la vía pública, ya que la mera presencia visual de transeúntes anula el concepto jurídico de vulnerabilidad.

c) En situación de desamparo y en peligro manifiesto y grave, careciendo de ayuda clínica idónea y suficiente por parte de terceros.

d) Con lesiones que exijan un abordaje quirúrgico hospitalario y una incapacidad temporal superior a los treinta días naturales.

9. Al colaborar en un accidente múltiple provocado por un conductor suicida que circulaba en sentido contrario por la autovía (artículo 381 CP), la Policía Judicial informa de la incautación definitiva del turismo infractor. Esta medida legal restrictiva recibe el nombre de:

a) Inmovilización administrativa preventiva por riesgo de reiteración delictiva.

b) Retención documental cautelar asociada exclusivamente al permiso de circulación.

c) Depósito municipal subsidiario para garantizar el abono de los daños estructurales de la vía.

d) Decomiso penal, figura que eleva al vehículo implicado a la máxima categoría de instrumento del delito.

10. Una unidad de soporte vital circulando sin paciente observa cómo de un remolque se vierte una gran cantidad de aceite sobre el asfalto en una rotonda cerrada. El transportista se percata del vertido, pero decide continuar su marcha sin señalizar el riesgo ni avisar a emergencias. Su conducta se tipifica como:

a) Infracción de las ordenanzas municipales de limpieza viaria gestionadas por el ayuntamiento correspondiente.

b) Delito de alteración criminal de la vía (artículo 385) en su modalidad omisiva, al no restituir la seguridad de la circulación teniendo el deber de hacerlo.

c) Falta leve contra la seguridad del tráfico, ya que los derrames accidentales carecen de responsabilidad penal en vehículos pesados.

d) Delito de conducción temeraria al generar un peligro abstracto y modificar el coeficiente de rozamiento de las ruedas motrices.

11. En la redacción del atestado de un choque frontal, el agente instructor imputa un delito de conducción temeraria (artículo 380 CP). Para sustentar esta acusación concreta, la investigación debe probar fehacientemente:

a) Que el conductor circulaba superando la tasa de alcohol permitida, aunque el tramo de vía estuviera completamente desierto.

b) La existencia de un peligro puramente abstracto derivado de la carencia de revisión técnica periódica y seguro obligatorio.

c) La concurrencia de una temeridad manifiesta unida a la generación de un peligro concreto, real y directo para la vida o integridad de personas específicas.

d) Que el vehículo circulaba con exceso de peso y mala estiba de la carga, dificultando la maniobra evasiva del conductor contrario.

12. La estructura dogmática del ordenamiento jurídico español clasifica los delitos contra la seguridad vial en una categoría específica que los diferencia de figuras lesivas como el homicidio. Esta categoría se denomina:

a) Delitos de dolo eventual con resultado material garantizado.

b) Delitos de mera actividad o de peligro, cuya consumación penal sanciona la creación del riesgo sin requerir un impacto o daño efectivo.

c) Delitos administrativos sancionables exclusivamente por resolución de la Jefatura Provincial de Tráfico.

d) Delitos de resultado pluriofensivo que exigen el ingreso en cuidados intensivos de al menos un herido en la escena.

13. Un juez decreta el decomiso cautelar de un automóvil implicado en un delito de conducción temeraria. Sin embargo, el padre del conductor demuestra ser el legítimo propietario del coche y acredita que su hijo sustrajo las llaves sin su consentimiento ni conocimiento. En este contexto procesal:

a) El decomiso se ejecuta inexcusablemente, perdiendo el propietario su patrimonio para indemnizar económicamente al Estado.

b) El propietario será procesado subsidiariamente como cooperador necesario al no asegurar la cadena de custodia del vehículo familiar.

c) La medida de confiscación se paraliza, operando la exención procesal destinada a salvaguardar los derechos patrimoniales del tercero de buena fe.

d) El automóvil será destruido mediante desguace al considerarse prueba forense contaminada por el infractor original.

14. El artículo 384 del Código Penal sanciona a quienes manejen un vehículo careciendo de la aptitud técnica legal. ¿Cuál de los siguientes supuestos NO constituye un ilícito penal según este artículo y se tramita como infracción administrativa?

a) Conducir un turismo habiendo perdido la totalidad de los puntos asignados y contando con la notificación firme de la Jefatura de Tráfico.

b) Conducir una motocicleta de gran cilindrada sin haber obtenido nunca un permiso de conducción válido en España.

c) Conducir un turismo amparado por un permiso extranjero no convalidado ni canjeado tras establecer su residencia en territorio nacional.

d) Manejar un camión tras haber sido privado del carnet mediante una resolución cautelar dictada por un Juzgado de Instrucción.

15. Tras cometer un delito de abandono del lugar del accidente (artículo 382 bis CP), el Juez aplica el tipo atenuado de la pena fijando la condena entre tres y seis meses de prisión. Esta atenuación se fundamenta en que la investigación determinó que el accidente primario fue provocado por:

a) Un exceso de velocidad penal concurrente con una tasa de alcohol en sangre superior a 1,2 gramos por litro.

b) Causas fortuitas, imprevisibles o inevitables, pese a que el conductor mostrara falta de solidaridad al huir de la escena.

c) La distracción voluntaria y negligente provocada por la manipulación de una aplicación de mensajería móvil durante la marcha.

d) La inobservancia manifiesta de una señal de ceda el paso en un tramo de concentración de accidentes.

16. Un conductor interceptado en un control decide simular soplidos interrumpidos en el etilómetro evidencial de forma reiterada y dolosa para evitar proporcionar la muestra de aire, a pesar de carecer de problemas respiratorios clínicos. Esta acción obliga a los agentes a:

a) Instruir diligencias por un delito de desobediencia grave mediante negativa implícita a someterse a las pruebas.

b) Sancionar con una infracción administrativa por retrasar injustificadamente la labor de inspección y vigilancia.

c) Obligar al TES a realizar una extracción sanguínea forzosa e involuntaria en el interior de la ambulancia.

d) No imputar carga penal alguna, dado que la normativa exige un rechazo verbal explícito para consumar el delito de desobediencia.

17. Un magistrado dicta sentencia condenatoria por un delito de exceso de velocidad (artículo 379.1 CP). De manera imperativa y adicional a la pena privativa de libertad o multa económica, el fallo judicial debe imponer:

a) La privación del derecho a conducir vehículos a motor y ciclomotores por un margen temporal de uno a cuatro años.

b) La realización obligatoria de trabajos en beneficio de la comunidad enfocados en el auxilio a pacientes con daño medular.

c) El decomiso permanente e irreversible del turismo utilizado para la comisión de la infracción cinética.

d) La detracción automática de seis puntos del saldo del permiso sin llegar a suspender su vigencia administrativa.

18. En el protocolo de aseguramiento de la escena, el TES asume el principio legal de no interferencia forense, lo que le prohíbe manipular evidencias biomecánicas. Únicamente estará facultado para alterar el escenario post-impacto y movilizar vehículos cuando:

a) El equipo de atestados se demore más de treinta minutos en llegar al lugar y la vía sea de competencia autonómica.

b) La inalterabilidad de la escena perjudique directa, objetiva e inminentemente la seguridad vital y clínica de los heridos asistidos.

c) Sea necesario agilizar la apertura de un carril para evitar la acumulación de tráfico denso y facilitar la llegada de la grúa.

d) Requiera tomar soporte fotográfico con dispositivos móviles para cumplimentar los partes del seguro de responsabilidad civil.

19. La inmovilización administrativa de un vehículo mediante un mecanismo de precinto o cepo (artículo 104 LSV) es una medida cautelar inmediata que las autoridades levantan en el momento exacto en que:

a) Transcurren setenta y dos horas desde la imposición de la sanción en la vía pública.

b) El conductor acepta firmar el acta de derechos del detenido e ingresa en dependencias judiciales.

c) Cesa la causa que motivó el riesgo, por ejemplo, al hacerse cargo del volante una persona habilitada y sobria tras el abono de los gastos logísticos.

d) El servicio de emergencias extrahospitalario certifica que el conductor no sufre ninguna patología psiquiátrica aguda subyacente.

20. Los delitos tipificados bajo el Título XVII del Código Penal tutelan la seguridad vial en su articulado, pero la doctrina los considera delitos "pluriofensivos" porque actúan como mecanismo de protección anticipada para salvaguardar bienes jurídicos supremos, definidos como:

a) La indemnidad patrimonial de la Red de Carreteras del Estado y las señales de ordenación urbana.

b) La vida y la integridad física de la totalidad de las personas usuarias de la red viaria pública.

c) El principio de autoridad de las Fuerzas y Cuerpos de Seguridad frente a la desobediencia ciudadana.

d) El respeto normativo al pago del impuesto de tracción mecánica y al seguro obligatorio de viajeros.

En MADTEST tienes **más preguntas de este tema**, y todos tus avances quedan registrados y se reflejan en el ranking.

¡Supera tus límites con MADTEST!

133

Solución al test n.º 9

1. b) Constituye de forma automática un delito contra la seguri-dad vial, al superar en más de 60 km/h el límite reglamentario fijado para la vía urbana.

2. c) La comisión de un delito de peligro abstracto, al superar el umbral objetivo y tasado de 0,60 mg/l, independientemente de su estado clínico.

3. b) Tipifica un delito autónomo de desobediencia a la autori-dad, castigado con pena de prisión y privación del derecho a conducir.

4. d) Incurre en una infracción administrativa, pero no en un de-lito penal, al no encuadrarse en los supuestos de carencia absoluta o pérdida de vigencia por puntos.

5. c) Un delito autónomo de abandono del lugar del accidente, dado que la víctima ha fallecido in situ y no concurre el requi-sito de desamparo vital.

6. b) Demandar de forma inmediata el auxilio ajeno llamando al 112, cumpliendo así con la modalidad subsidiaria de la omi-sión del deber de socorro.

7. b) El delito especial de denegación de asistencia sanitaria, que conlleva las penas agravadas en su mitad superior más la in-habilitación especial profesional.

8. c) En situación de desamparo y en peligro manifiesto y grave, careciendo de ayuda clínica idónea y suficiente por parte de terceros.

9. d) Decomiso penal, figura que eleva al vehículo implicado a la máxima categoría de instrumento del delito.

10. b) Delito de alteración criminal de la vía (artículo 385) en su modalidad omisiva, al no restituir la seguridad de la circula-ción teniendo el deber de hacerlo.

11. c) La concurrencia de una temeridad manifiesta unida a la ge-neración de un peligro concreto, real y directo para la vida o integridad de personas específicas.

12. b) Delitos de mera actividad o de peligro, cuya consumación penal sanciona la creación del riesgo sin requerir un impacto o daño efectivo.

13. c) La medida de confiscación se paraliza, operando la exen-ción procesal destinada a salvaguardar los derechos patrimo-niales del tercero de buena fe.

14. c) Conducir un turismo amparado por un permiso extranjero no convalidado ni canjeado tras establecer su residencia en territorio nacional.

15. b) Causas fortuitas, imprevisibles o inevitables, pese a que el conductor mostrara falta de solidaridad al huir de la escena.

16. a) Instruir diligencias por un delito de desobediencia grave me-diante negativa implícita a someterse a las pruebas.

17. a) La privación del derecho a conducir vehículos a motor y ci-clomotores por un margen temporal de uno a cuatro años.

18. b) La inalterabilidad de la escena perjudique directa, objetiva e inminentemente la seguridad vital y clínica de los heridos asis-tidos.

19. c) Cesa la causa que motivó el riesgo, por ejemplo, al hacerse cargo del volante una persona habilitada y sobria tras el abono de los gastos logísticos.

20. b) La vida y la integridad física de la totalidad de las personas usuarias de la red viaria pública.

TEST N.º 10

El conductor: la observación y la anticipación. Factores que influyen en las aptitudes del conductor: la fatiga, el sueño, la tensión, el tabaco, el alcohol, medicinas, estupefacientes y sustancias psicotrópicas. Concepto de distancia de detención o parada técnica, el tiempo de reacción y los factores que influyen en ella

1. Circulando con una unidad de Soporte Vital Básico a 80 km/h, un vehículo frena bruscamente delante de usted. El espacio total que recorre su ambulancia desde que usted percibe visualmente el peligro hasta que la unidad queda completamente inmovilizada, se define operativamente como:

a) Distancia de reacción balística, que depende del estado de los neumáticos.
b) Distancia de frenado mecánico, que depende de la fatiga del conductor.
c) Distancia de parada técnica o de detención, suma de reacción y frenado.
d) Distancia de seguridad preventiva, estipulada legalmente en 100 metros.

2. Durante una guardia de 12 horas, usted mantiene un nivel óptimo de alerta clínica al volante. Según la biomecánica de la conducción, en estas condiciones fisiológicas normales, el tiempo medio que transcurrirá desde que visualiza un obstáculo hasta que su pie acciona el freno será de:

a) Entre 0,10 y 0,25 segundos, considerándose un acto reflejo simple.
b) Aproximadamente 0,75 segundos, oscilando habitualmente entre 0,5 y 1 segundo.
c) Entre 1,50 y 2,00 segundos, dependiendo exclusivamente de la velocidad.
d) Aproximadamente 3,00 segundos, debido al procesamiento cognitivo complejo.

3. Conduce su ambulancia a 90 km/h por una carretera convencional en un día soleado con el asfalto seco. Para estimar mentalmente la distancia de seguridad preventiva adecuada aplicando la recomendada "regla del cuadrado", usted deberá mantener un margen frontal mínimo de:

a) 27 metros libres de separación respecto al vehículo precedente.
b) 45 metros libres de separación respecto al vehículo precedente.

c) 81 metros libres de separación respecto al vehículo precedente.
d) 120 metros libres de separación respecto al vehículo precedente.

4. Como TES, padece una rinitis alérgica estacional grave y necesita medicación antes de iniciar su turno de conducción. Para garantizar la seguridad vial y no alterar su tiempo de reacción, el facultativo deberá prescribirle:

a) Antihistamínicos clásicos de primera generación, por su rápida acción central.
b) Antihistamínicos de segunda o tercera generación, por carecer de efectos sedantes.
c) Ansiolíticos combinados con broncodilatadores para evitar los espasmos.
d) Cualquier antihistamínico, ya que ninguno interfiere con la atención al volante.

5. Retornando a la base tras un traslado primario de madrugada, usted comienza a experimentar pesadez en los párpados y lapsos de desconexión del entorno de apenas un par de segundos. Clínicamente, esta situación preaccidente se denomina:

a) Efecto túnel visual compensatorio.
b) Cuadro de narcolepsia yatrogénica temporal.
c) Aparición de microsueños involuntarios.
d) Episodios de ceguera funcional por fatiga.

6. Acude a asistir un siniestro donde el conductor causante presenta signos de intoxicación etílica. A nivel de seguridad vial, la principal causa de que el alcohol eleve la accidentalidad radica en que:

a) Actúa como un estimulante del Sistema Nervioso Central, mejorando los reflejos motrices, pero nublando la visión perimetral.
b) Genera un estado de euforia y falsa seguridad, originando que el conductor sobrevalore sus capacidades y asuma más riesgos.
c) Aumenta la agudeza visual nocturna, pero anula por completo la audición, aislando al conductor de las señales acústicas.
d) Disminuye drásticamente el tiempo de reacción neurológica, provocando respuestas motoras excesivamente anticipadas y bruscas.

7. Si transitando por una travesía urbana decide acelerar la ambulancia pasando de 40 km/h a 80 km/h, debe ser consciente de que, por las leyes ineludibles de la cinemática:

a) La distancia de frenado mecánico de su vehículo se multiplicará exactamente por dos.
b) La distancia de frenado mecánico de su vehículo se multiplicará de forma matemática por cuatro.
c) La distancia de reacción neurológica se cuadruplicará, pero la de frenado permanecerá idéntica.
d) La energía cinética se mantendrá constante, pero se reducirá la adherencia del neumático al firme.

8. En la evaluación de riesgos biomecánicos del conductor, es imperativo diferenciar los agentes modificadores. Señale cuál de las siguientes afirmaciones es correcta respecto a la alteración de las distancias:

a) Conducir bajo una intensa lluvia incrementa directamente el tiempo biológico de reacción del TES.

b) El desgaste de los neumáticos por debajo de 1,6 mm incrementa el tiempo biológico de reacción.

c) El consumo de fármacos sedantes alarga directa y exclusivamente la distancia física de frenado.

d) La fatiga alarga la distancia de reacción, mientras que el asfalto mojado alarga la distancia de frenado.

9. Durante la conducción urgente de un paciente crítico, usted experimenta altos niveles de estrés sostenido. Esta respuesta fisiológica provocará sobre su sistema neuroftalmológico:

a) Una instauración del "efecto túnel", reduciendo drásticamente su visión periférica y atención a los retrovisores.

b) Un incremento exponencial de la visión periférica, permitiendo procesar mayor cantidad de estímulos laterales.

c) Una inmunidad total frente a los deslumbramientos nocturnos al encontrarse las pupilas dilatadas.

d) Una mejora cualitativa en la acomodación ocular y en la estimación métrica de las distancias frontales.

10. Detecta que un conductor implicado en una colisión ha consumido derivados del cannabis (hachís). Como droga perturbadora del Sistema Nervioso Central, el mayor riesgo cinemático que le ha ocasionado es:

a) Un estado de alerta y vigilancia excesivamente elevado que provoca respuestas erráticas.

b) Una severa distorsión en la apreciación subjetiva del espacio, el tiempo y las distancias.

c) Una hiperactividad neuromuscular que bloquea físicamente la articulación del tobillo derecho.

d) Una contracción del cristalino que le impide ver los colores puros como el rojo de los semáforos.

11. Al irrumpir un animal en la calzada, su cerebro procesa la información en tres fases neurológicas secuenciales para lograr detener la ambulancia. ¿Cuál es el orden cronológico correcto del tiempo de reacción?

a) Tiempo de decisión, tiempo de percepción, tiempo de respuesta motora.

b) Fase de respuesta motora, fase de evaluación cognitiva, fase de detección visual.

c) Fase perceptiva (detección e identificación), fase de decisión, fase de acción (respuesta motora).

d) Tiempo de frenado mecánico, tiempo de decisión cognitiva, tiempo de acción refleja.

12. Conduce una Unidad Móvil de Emergencias (Soporte Vital Avanzado) cuya Masa Máxima Autorizada (MMA) es de 4.200 kg. Al adentrarse en un túnel en el que no pretende adelantar, la normativa de circulación le obliga a mantener una distancia preventiva mínima de:

a) 100 metros o un intervalo temporal de 4 segundos.

b) 50 metros o un intervalo temporal de 2 segundos.

c) La distancia de seguridad ordinaria, ya que las ambulancias están exentas de márgenes en túneles.

d) 150 metros o un intervalo temporal de 6 segundos.

13. Inicia un traslado bajo una lluvia torrencial. Operativamente, debe saber que la presencia de una capa de agua sobre la calzada provocará que su distancia de frenado respecto al asfalto seco:

a) Se mantenga igual, siempre que el sistema antibloqueo de frenos (ABS) se encuentre activado.

b) Disminuya considerablemente al actuar el agua como refrigerante de las pastillas de freno.

c) Se incremente, multiplicándose habitualmente entre 1,5 y 2 veces la distancia física requerida.

d) Se multiplique automáticamente por 10, independientemente del desgaste de los neumáticos.

14. Durante una guardia invernal, el termómetro marca 2ºC y observa placas de hielo negro en la calzada. En esta situación de nula adherencia superficial, la distancia letal de frenado puede llegar a:

a) Multiplicarse por 2 respecto a un asfalto seco.

b) Multiplicarse por 4 respecto a un asfalto seco.

c) Multiplicarse hasta 10 veces respecto a un asfalto en condiciones óptimas.

d) Permanecer inalterada si se engrana una marcha corta y se pisa el embrague.

15. Aplicando la regla empírica (regla del 3) recomendada para el cálculo mental, si usted pilota el vehículo asistencial a 120 km/h en autovía, avanzará completamente "a ciegas" durante el tiempo de reacción (1 segundo) una distancia aproximada de:

a) 12 metros longitudinales sin deceleración.

b) 24 metros longitudinales sin deceleración.

c) 50 metros longitudinales sin deceleración.

d) 36 metros longitudinales sin deceleración.

16. Atiende a un paciente intoxicado simultáneamente con alcohol y cocaína. A nivel preventivo vial, esta interacción es de altísima mortalidad y se conoce como "enmascaramiento toxicológico" porque:

a) La cocaína anula metabólicamente la tasa de alcohol en sangre en un control de aire espirado.

b) La cocaína oculta la percepción neurológica de la sedación etílica, dando una falsa sensación de control.

c) El alcohol potencia los efectos depresores de la cocaína, induciendo el sueño de forma fulminante.

d) La mezcla purifica los reflejos motores, pero origina una pérdida total del campo visual lateral.

17. Al redactar el informe de un alcance trasero de su ambulancia, le solicitan definir los componentes de la distancia de detención. ¿Cuál es la formulación física inalterable?

a) Distancia de Detención = Distancia de Frenado + Coeficiente de Adherencia.

b) Distancia de Detención = Distancia de Reacción + Distancia de Frenado.

c) Distancia de Detención = Tiempo de Decisión + Desgaste de Neumáticos.

d) Distancia de Detención = Distancia de Seguridad + Energía Cinética.

18. La fatiga del conductor es un estado prepatológico que aumenta severamente la siniestralidad. ¿Qué manifestación psicofísica no se corresponde con la aparición de la fatiga al volante?

a) Incremento significativo del tiempo motor de reacción ante imprevistos.

b) Adopción progresiva de conductas rutinarias y pasivas con pérdida de concentración.

c) Mejora exponencial en la capacidad temporal de la memoria a corto plazo.

d) Aparición de irritabilidad, tensión muscular y calambres cervicales.

19. Tras realizar el checklist de su unidad, observa que los amortiguadores están severamente deteriorados y han perdido su eficacia. En una frenada de emergencia, esta avería técnica provocará:

a) Que la rueda rebote contra el asfalto, incrementando la distancia de frenado hasta en un 35%.

b) Que la suspensión trabaje más rígida, acortando drásticamente el espacio de detención balística.

c) Que el tiempo de reacción biológico del conductor aumente al estar el habitáculo inestable.

d) Que el sistema hidráulico bloquee la direccionalidad, impidiendo el funcionamiento del volante.

20. Un compañero TES tiene el hábito de fumar mientras conduce en los trasla-dos secundarios. Esta conducta está contraindicada en la seguridad vial porque el monóxido de carbono (CO) acumulado en cabina:

a) Disminuye drásticamente el tiempo neurológico de reacción muscular.
b) Induce letargo metabólico, reduce la vigilancia y mella la capacidad de reacción.
c) Activa el sistema nervioso simpático, generando hiperactividad y estrés crónico.
d) Aumenta la visión nocturna, pero inhibe la percepción de los colores cálidos.

En MADTEST tienes **más preguntas de este tema**, y todos tus avances quedan registrados y se reflejan en el ranking.

¡Supera tus límites con MADTEST!

Solución al test n.º 10

1. c) Distancia de parada técnica o de detención, suma de reacción y frenado.

2. b) Aproximadamente 0,75 segundos, oscilando habitualmente entre 0,5 y 1 segundo.

3. c) 81 metros libres de separación respecto al vehículo precedente.

4. b) Antihistamínicos de segunda o tercera generación, por carecer de efectos sedantes.

5. c) Aparición de microsueños involuntarios.

6. b) Genera un estado de euforia y falsa seguridad, originando que el conductor sobrevalore sus capacidades y asuma más riesgos.

7. b) La distancia de frenado mecánico de su vehículo se multiplicará de forma matemática por cuatro.

8. d) La fatiga alarga la distancia de reacción, mientras que el asfalto mojado alarga la distancia de frenado.

9. a) Una instauración del "efecto túnel", reduciendo drásticamente su visión periférica y atención a los retrovisores.

10. b) Una severa distorsión en la apreciación subjetiva del espacio, el tiempo y las distancias.

11. d) Fase perceptiva (detección e identificación), fase de decisión, fase de acción (respuesta motora).

12. c) 150 metros o un intervalo temporal de 6 segundos.

13. c) Se incremente, multiplicándose habitualmente entre 1,5 y 2 veces la distancia física requerida.

14. c) Multiplicarse hasta 10 veces respecto a un asfalto en condiciones óptimas.

15. d) 36 metros longitudinales sin deceleración.

16. b) La cocaína oculta la percepción neurológica de la sedación etílica, dando una falsa sensación de control.

17. b) Distancia de Detención = Distancia de Reacción + Distancia de Frenado.

18. c) Mejora exponencial en la capacidad temporal de la memoria a corto plazo.

19. a) Que la rueda rebote contra el asfalto, incrementando la distancia de frenado hasta en un 35%.

20. b) Induce letargo metabólico, reduce la vigilancia y mella la capacidad de reacción.

TEST N.º 11

Organización y funcionamiento del transporte sanitario. Objetivo de esta prestación. Evaluación de necesidad. Transporte no asistido. Transporte Sanitario por carretera: ambulancias no asistenciales, ambulancias asistenciales, ambulancias de soporte vital básico, ambulancias de soporte vital avanzado y vehículos de transporte sanitario colectivo. Autorización de acompañante. Otros vehículos de emergencia tipo VIR (Vehículo de Intervención Rápida)

1. Acude con su ambulancia de Soporte Vital Básico a un domicilio donde atienden a un varón con un traumatismo severo tras una caída. Tras la inmovilización, inician el traslado. Según los objetivos operativos del 061 del SMS, ¿quién determina el centro hospitalario de destino?

a) El Técnico en Emergencias Sanitarias que ejerce la conducción, basándose en la isócrona más corta.

b) El Médico Regulador del Centro Coordinador de Urgencias (CCU), priorizando la evacuación al centro útil.

c) Los familiares del paciente, ejerciendo su derecho de libre elección de centro hospitalario público.

d) El Técnico en Emergencias Sanitarias de la cabina asistencial, valorando la gravedad clínica del trauma.

2. Al recoger a un paciente para una sesión de hemodiálisis de larga duración, este le indica que hoy viajará con su sobrino. ¿De quién es competencia exclusiva la autorización legal de este acompañante en el transporte no urgente?

a) Del celador de la puerta de urgencias que recepcionará al enfermo a su llegada al centro.

b) Del Técnico en Emergencias Sanitarias, siempre que verifique que no se supera el aforo del vehículo.

c) Del facultativo prescriptor responsable de la asistencia que motiva el desplazamiento del paciente.

d) De la propia empresa concesionaria del transporte sanitario para optimizar sus rutas colectivas.

145

3. Se le asigna el traslado de un paciente estable desde su domicilio al hospital para una consulta programada. El paciente requiere ir obligatoriamente en camilla pero no precisa oxigenoterapia ni asistencia clínica en ruta. ¿Qué vehículo utilizará normativamente?

a) Una ambulancia no asistencial de clase A1, destinada al transporte individual de pacientes.

b) Una ambulancia de soporte vital básico de clase B, por si existiera un empeoramiento súbito.

c) Una ambulancia no asistencial de clase A2, destinada siempre a enfermos inmovilizados.

d) Un Vehículo de Intervención Rápida (VIR), para garantizar una mayor rapidez en la asistencia.

4. Usted conduce una ambulancia de transporte colectivo (Clase A2). Tiene en su ruta a cuatro pacientes para rehabilitación y un quinto paciente diagnosticado de una enfermedad infectocontagiosa activa. ¿Cómo debe proceder según la normativa logística?

a) Ubicar al paciente infectocontagioso en el asiento más alejado y exigirle el uso de mascarilla.

b) Excluir a este paciente de la ruta colectiva, ya que requiere normativamente un traslado individualizado.

c) Realizar el traslado conjunto abriendo los extractores de aire de la célula sanitaria al máximo.

d) Subir al paciente infectocontagioso en primer lugar para que abandone el vehículo antes que el resto.

5. Durante una guardia en una ambulancia de Soporte Vital Básico (Clase B) del SMS, su compañero técnico se indispone y debe ser sustituido por la empresa. Para cumplir estrictamente con el Real Decreto 836/2012, el sustituto debe poseer ineludiblemente:

a) El certificado de profesionalidad en transporte sanitario, al tratarse del ayudante en cabina.

b) Únicamente el permiso de conducción de la clase B y el graduado en Educación Secundaria.

c) El título de Formación Profesional de Grado Medio de Técnico en Emergencias Sanitarias (TES).

d) El título universitario de Diplomado o Grado en Enfermería, para asistir en el habitáculo trasero.

6. Al llegar al relevo de su Unidad Móvil de Emergencias (UME) en la Región de Murcia, verifica la dotación operativa de su equipo. Según el estándar de esta gerencia, la tripulación de este recurso de Soporte Vital Avanzado está formada por:

a) Un profesional de medicina, un profesional de enfermería y un único Técnico en Emergencias Sanitarias.

b) Un profesional de enfermería, dos Técnicos en Emergencias Sanitarias y un celador de atención primaria.

c) Un profesional de medicina, un profesional de enfermería y dos Técnicos en Emergencias Sanitarias.

d) Dos profesionales de medicina y dos Técnicos en Emergencias Sanitarias debidamente habilitados.

7. El CCU activa su Vehículo de Intervención Rápida (VIR) ante un síndrome coronario agudo en la vía pública. A su llegada y tras estabilizar al paciente con éxito, ¿cómo se procederá operativamente para su evacuación al centro útil?

a) El paciente será trasladado en la camilla del propio VIR, con el equipo médico en la cabina trasera.

b) Se requerirá la convergencia de una ambulancia de SVB, ya que el VIR carece de camilla de traslado.

c) El paciente será evacuado en un vehículo particular escoltado por el VIR y las fuerzas de seguridad.

d) Se solicitará ineludiblemente el apoyo de un helicóptero medicalizado, al no poder moverse el VIR.

8. Acude a un domicilio para trasladar a un paciente de 12 años con una fractura radial a su hospital de referencia. El menor se encuentra solo, indicando que sus padres están de camino al centro. ¿Cuál es su actuación obligatoria como TES?

a) Iniciar el traslado inmediatamente para acortar el tiempo de isquemia del miembro fracturado.

b) Retrasar el inicio del traslado hasta que llegue un tutor mayor de edad, por ser obligatorio legalmente.

c) Trasladar al menor en la cabina delantera para poder vigilarlo directamente durante el trayecto.

d) Solicitar al paciente que firme un documento de asunción de responsabilidad antes de iniciar la ruta.

9. Se presenta en un instituto para realizar un traslado no urgente de un paciente de 17 años a una consulta traumatológica. El joven aporta un documento de exención firmado por sus tutores. Según la legislación del Sistema Nacional de Salud:

a) Usted debe realizar el traslado en solitario, ya que la ley admite esta excepción aportando la autorización.

b) Usted debe negarse al traslado, ya que ningún menor de 18 años puede viajar sin acompañante físico.

c) Usted debe requerir la presencia del director del instituto en la ambulancia para tutelar al menor.

d) Usted realizará el traslado únicamente si el destino es el hospital más cercano geográficamente.

10. Su base le asigna una ambulancia de transporte colectivo (Clase A2) recién carrozada. Teniendo en cuenta que viajan usted como conductor y un técnico ayudante, ¿cuál es el número máximo absoluto de pacientes que puede albergar legalmente?

a) Nueve pacientes, excluyendo del cómputo normativo a los dos profesionales de la dotación.

b) Siete pacientes, ya que el aforo máximo técnico es de nueve plazas incluyendo a la dotación técnica.

c) Ocho pacientes, siempre y cuando al menos dos de ellos viajen anclados en su propia silla de ruedas.

d) Diez pacientes, al permitir la normativa autonómica sobreocupación en casos de extrema necesidad.

11. Durante la evacuación de un paciente inestable en su ambulancia básica, el CCU le indica un punto de la autovía para que un VIR intercepte su trayectoria y suba a un facultativo. En la doctrina operativa, esta maniobra se denomina:

a) Maniobra de sectorización de la emergencia vital.

b) Maniobra de rendezvous o punto de encuentro.

c) Maniobra de transferencia diferida en ruta.

d) Maniobra de escalado básico de soporte vital.

12. Debe realizar un traslado programado de una paciente adulta que presenta una incapacitación legal total mediante sentencia judicial. ¿Qué exigencia impone el protocolo de transporte respecto a la figura del acompañante?

a) La presencia del representante legal es totalmente optativa y queda a discreción de los familiares.

b) Es obligatoria la presencia de su representante legal o tutor designado durante todo el trayecto.

c) La presencia del tutor es necesaria solo en el momento de la recogida, pudiendo el paciente viajar solo.

d) Se sustituirá la figura del acompañante por un técnico adicional en las ambulancias asistenciales.

13. A una paciente con un gran deterioro físico secundario a un proceso oncológico, su facultativo le ha prescrito la necesidad de un acompañante para sus traslados. Respecto al copago o aportación económica, la normativa dictamina que:

a) El acompañante deberá abonar el 50% de la tarifa oficial estipulada para la cartera suplementaria.

b) El traslado del acompañante está exento de aportación económica y se realiza con total gratuidad.

c) El acompañante abonará una tasa fija independiente de la renta del paciente titular del traslado.

d) La gratuidad solo se aplica si el acompañante es un técnico sanitario contratado por la familia.

14. Acaban de transferir a un herido en el box de críticos del hospital, han limpiado la camilla y el vehículo está dispuesto para otra intervención. ¿Qué comunicación deben realizar inmediatamente al CCU del 061 SMS mediante sus dispositivos?

a) Cambio de status informando de la activación en ruta de la unidad móvil.

b) Cambio de status informando de la llegada de la ambulancia al lugar del suceso.

c) Cambio de status informando de la transferencia y el retorno a la operatividad de la ambulancia.

d) Cambio de status informando del inicio de recogida del paciente y su traslado asistido.

15. Valoran a un paciente politraumatizado severo. El hospital comarcal más próximo está a 8 minutos, pero carece de banco de sangre y UCI especializada. El Médico Regulador ordena la evacuación al hospital regional situado a 30 minutos. Esto se fundamenta en:

a) El concepto estratégico de evacuación directa y orientada hacia el centro útil para el tratamiento.

b) El concepto de proximidad geográfica exclusiva para evitar el colapso respiratorio del paciente.

c) El concepto de isócrona prioritaria de libre elección por parte del Técnico en Emergencias Sanitarias. D

d) El concepto de dispersión hospitalaria dictaminado por los agentes de las Fuerzas de Orden Público.

16. Un paciente necesita acudir a una interconsulta psiquiátrica. Su nivel de comprensión es muy limitado por una minusvalía cognitiva severa. El médico le prescribe transporte en vehículo colectivo A2. Respecto a su acompañante:

a) El acompañante ocupará una plaza funcional a todos los efectos, restando una vacante para otro paciente.

b) El acompañante deberá ir de pie en el habitáculo, ya que las plazas sentadas son exclusivas para enfermos.

c) El acompañante viajará en la cabina delantera con el conductor para no interferir en la dinámica posterior.

d) El acompañante no contabiliza en el límite de nueve plazas establecido en la tarjeta de inspección técnica.

17. Un Vehículo de Intervención Rápida (VIR) converge en la escena con su ambulancia de SVB. El médico, el enfermero y el aparataje del VIR se integran en su furgón. Clínicamente, durante el traslado al hospital, su recurso básico se ha transformado en:

a) Una Unidad de Soporte Vital Intermedio, al mantener al conductor original del vehículo básico.

b) Una Ambulancia No Asistencial de Cuidados Especiales, debido a la mezcla de las dotaciones.

c) Una ambulancia de Soporte Vital Avanzado (UVI móvil temporal), garantizando evacuación medicalizada.

d) Un Puesto Médico Avanzado Móvil, diseñado exclusivamente para incidentes de múltiples víctimas.

18. La operatividad táctica del VIR se sustenta en su diseño estructural diferenciado. Comparado con una ambulancia de Clase C normativa (UVI Móvil), la principal divergencia estriba en que el VIR:

a) Incorpora una camilla ultraligera diseñada para la extracción rápida, pero no admite oxigenoterapia.

b) Dispone del mismo material de soporte avanzado, pero carece estructural y normativamente de camilla.

c) Está carrozado sobre un furgón pesado para albergar a más técnicos, careciendo de desfibrilador manual.

d) Solo posee equipamiento para aplicar soporte vital básico y técnicas instrumentales de inmovilización.

19. El CCU le informa que el VIR de su zona ha sufrido un retraso, pero que acude a la escena de una emergencia donde usted, como TES de SVB, está estabilizando a un quemado grave. Estadísticamente, la implantación del VIR como "recurso lanzadera" logró:

a) Aumentar la capacidad de carga de pacientes estables en un 50% en áreas interurbanas.

b) Reducir el tiempo de respuesta e inicio de maniobras de estabilización avanzada hasta en un 30%.

c) Eliminar por completo la necesidad de activar Unidades Móviles de Emergencias tipo furgón.

d) Reducir el coste de la medicación administrada al delegar el triage en el personal técnico básico.

20. Inspecciona el equipamiento de su ambulancia de Clase B. Para garantizar la estabilización respiratoria en ruta, este tipo de vehículo asistencial de soporte vital básico debe contar de manera obligatoria y normativa con:

a) Un monitordesfibrilador de 12 derivaciones con marcapasos transcutáneo incorporado.

b) Dispositivos mecánicos para realizar la ventilación invasiva mediante intubación endotraqueal.

c) Un respirador automático volumétrico de transporte con parámetros regulables para uso pediátrico.

d) Oxigenoterapia con tomas de pared, equipo de aspiración eléctrico y resucitadores manuales con mascarilla.

En MADTEST tienes **más preguntas de este tema**, y todos tus avances quedan registrados y se reflejan en el ranking.

¡Supera tus límites con MADTEST!

Solución al test n.º 11

1. b) El Médico Regulador del Centro Coordinador de Urgencias (CCU), priorizando la evacuación al centro útil.

2. c) Del facultativo prescriptor responsable de la asistencia que motiva el desplazamiento del paciente.

3. a) Una ambulancia no asistencial de clase A1, destinada al transporte individual de pacientes.

4. b) Excluir a este paciente de la ruta colectiva, ya que requiere normativamente un traslado individualizado.

5. c) El título de Formación Profesional de Grado Medio de Técnico en Emergencias Sanitarias (TES).

6. c) Un profesional de medicina, un profesional de enfermería y dos Técnicos en Emergencias Sanitarias.

7. b) Se requerirá la convergencia de una ambulancia de SVB, ya que el VIR carece de camilla de traslado.

8. b) Retrasar el inicio del traslado hasta que llegue un tutor mayor de edad, por ser obligatorio legalmente.

9. a) Usted debe realizar el traslado en solitario, ya que la ley admite esta excepción aportando la autorización.

10. b) Siete pacientes, ya que el aforo máximo técnico es de nueve plazas incluyendo a la dotación técnica.

11. b) Maniobra de rendezvous o punto de encuentro.

12. b) Es obligatoria la presencia de su representante legal o tutor designado durante todo el trayecto.

13. b) El traslado del acompañante está exento de aportación económica y se realiza con total gratuidad.

14. c) Cambio de status informando de la transferencia y el retorno a la operatividad de la ambulancia.

15. a) El concepto estratégico de evacuación directa y orientada hacia el centro útil para el tratamiento.

16. a) Una ambulancia no asistencial (Clase A1 o A2).

17. c) Una ambulancia de Soporte Vital Avanzado (UVI móvil temporal), garantizando evacuación medicalizada.

18. b) Dispone del mismo material de soporte avanzado pero carece estructural y normativamente de camilla.

19. b) Reducir el tiempo de respuesta e inicio de maniobras de estabilización avanzada hasta en un 30%.

20. d) Oxigenoterapia con tomas de pared, equipo de aspiración eléctrico y resucitadores manuales con mascarilla.

TEST N.º 12

El transporte de pacientes con camilla. Manejo y conocimiento de la silla de evacuación ("Evachair"). Carga y descarga de la camilla con paciente. La utilización de los elementos de seguridad de la camilla para proteger al paciente. Reposición de las balas de oxígeno. Uso de las distintas señales luminosas y acústicas de emergencia

1. Durante un servicio de urgencia, usted traslada a un paciente esta-ble desde la cama del hospital hasta la ambulancia utilizando la cami-lla principal. Como norma general de ergonomía y direccionalidad, ¿dónde debe situarse y cómo debe empujar la camilla?

a) En un lateral de la camilla, manejando las barandillas con ambas manos para poder girar rápidamente en las esquinas.

b) En la cabecera de la camilla, empujando de forma que el pacien-te avance de cara al sentido de la marcha, abriendo camino con los pies.

c) En el piecero de la camilla, caminando de espaldas para no perder el contacto visual con el rostro del paciente.

d) En la cabecera de la camilla, pero tirando de ella hacia atrás para evitar la sobrecarga de la zona lumbar.

2. Su unidad de Soporte Vital Avanzado debe trasladar por los pasillos del hospital a un paciente crítico, intubado y dependiente de un respirador portátil de transporte. Ante este caso asistido, ¿qué variación a la norma de traslación debe aplicar el TES?

a) El TES empujará obligatoriamente desde el piecero de la camilla, dejando la zona de la cabecera despejada para el control de la vía aérea por parte del personal facultativo.

b) El TES empujará desde la cabecera, mientras el médico y el enfermero se sitúan en ambos laterales sujetando el respirador y los monitores.

c) El paciente crítico debe ser trasladado exclusivamente en su propia cama de UCI, estando prohibido transferirlo a la camilla de la ambulancia.

d) El TES empujará desde la cabecera a una velocidad muy reducida, deteniéndose cada diez metros para que el médico compruebe la saturación.

3. Se encuentra en un domicilio extrayendo a un paciente encamado mediante un transfer o tabla deslizante para pasarlo a la camilla de la ambulancia. Para garantizar la seguridad del movimiento, ¿cómo debe posicionar las alturas de ambas superficies?

a) Debe elevar la camilla de la ambulancia 15 centímetros por encima de la cama para que el paciente se deslice hacia arriba.

b) Debe igualar la altura de ambas superficies o dejar la camilla de destino ligeramente más baja, utilizando el transfer como puente sin dejar huecos.

c) Debe bajar la camilla al nivel mínimo del suelo y utilizar el transfer como rampa de caída controlada.

d) La altura es indiferente siempre que se aplique polvo de talco sobre el transfer para eliminar el coeficiente de rozamiento.

4. Su compañero acaba de liberar el anclaje de la ambulancia y comienza a extraer la camilla semiautomática (mecánica). Para evitar un accidente por caída brusca del paciente, ¿en qué momento exacto debe dejar que el peso de la cabecera descanse sobre el suelo?

a) Inmediatamente tras liberar el bloqueo, dejando que la gravedad actúe sobre los resortes.

b) Cuando las patas traseras toquen el asfalto, empujando la camilla hacia abajo con firmeza.

c) Solo después de extraer completamente el conjunto y verificar visual e sonoramente el despliegue y bloqueo de las patas delanteras.

d) Las camillas mecánicas no requieren verificación, ya que sus sensores hidráulicos impiden cualquier despliegue anómalo.

5. Tras atender un infarto en un tercer piso sin ascensor, decide utilizar la silla de evacuación ("Evac+Chair"). Al iniciar el descenso y aproximarse al primer escalón, ¿cuál es el protocolo correcto de actuación?

a) Mantener las cuatro ruedas apoyadas y bajar escalón a escalón levantando la silla a pulso para evitar vibraciones al paciente.

b) Levantar las ruedas traseras y dejar que las ruedas delanteras pequeñas reboten suavemente contra cada contrahuella.

c) Desplegar los patines de fricción (esquíes) y apoyarlos sobre el borde de los dos primeros escalones antes de comenzar el descenso continuo.

d) Invertir la posición del paciente para que descienda mirando hacia arriba, utilizando el contrapeso del celador en la parte inferior.

6. Se dispone a cargar en la ambulancia a un paciente bariátrico de 160 kg utilizando una camilla motorizada equipada con el dispositivo XPS. ¿Cuál es el objetivo biomecánico de usar este accesorio?

a) Medir el peso exacto del paciente en tiempo real para no superar el límite de elevación del sistema hidráulico.

b) Ampliar el área de superficie de apoyo de la camilla (hasta 84 cm) para acomodar la masa corporal, proporcionando estabilidad lateral.

c) Reforzar la estructura en "X" de la base de la camilla para que soporte impactos superiores a 15 G.

d) Sujetar las extremidades inferiores del paciente mediante cinchas neumáticas para evitar el deslizamiento longitudinal.

7. Durante la revisión matutina del vehículo, comprueba el estado de las correas de inmovilización de la camilla. ¿Qué normativa europea exige que estos sistemas de retención y anclajes soporten impactos dinámicos de 10 G en todas direcciones?

a) Normativa UNEEN 1789.
b) Real Decreto de Vehículos Prioritarios 2822/1998.
c) Normativa ISO 9001 de Calidad Asistencial.
d) Código Europeo de Rescate y Evacuación 112.

8. En la base de operaciones, detecta que la botella portátil de oxígeno se ha agotado. Antes de enroscar el regulador tipo yugo a la nueva bala llena, el protocolo le obliga a realizar un "purgado". ¿En qué consiste esta maniobra crítica?

a) En soplar a través de la conexión del regulador para eliminar el oxígeno residual almacenado.

b) En abrir el caudalímetro a máxima potencia durante cinco segundos tras haber conectado la bala.

c) En abrir y cerrar rápida y levemente la llave del tanque nuevo para dejar escapar una ráfaga que expulse el polvo del orificio.

d) En sumergir la válvula en líquido antiséptico para comprobar que no existen microporosidades.

9. Al acoplar el regulador de oxígeno a la nueva bala portátil, nota que el gas se escapa violentamente produciendo un silbido y enfriamiento de la zona. El manómetro marca presión cero. ¿Cuál es la causa técnica más habitual de esta incidencia?

a) El cilindro de oxígeno ha caducado y el gas ha perdido sus propiedades de compresión térmica.

b) El operador ha intentado abrir el cilindro girando la llave hacia la derecha en lugar de hacia la izquierda.

c) Existe ausencia, deterioro o desgaste en la arandela de goma (junta tórica) situada entre el regulador y el vástago.

d) El caudalímetro estaba posicionado en 15 litros por minuto antes de abrir la válvula principal.

10. Atiende a un paciente con crisis de ansiedad severa y decide administrar oxigenoterapia. Al ir a conectar el manorreductor, detecta que sus propios guantes están manchados de grasa mecánica de las puertas de la ambulancia. ¿Cómo debe proceder?

a) Limpiar los guantes frotándolos con alcohol de 96º y abrir el flujo de oxígeno lentamente para evitar la fricción.

b) Cambiarse los guantes inmediatamente y limpiar la válvula, ya que el oxígeno a presión en contacto con derivados del petróleo genera alto riesgo de explosión térmica.

c) Conectar el regulador, pero abriendo la válvula un máximo de medio cuarto de vuelta para mantener la presión controlada.

d) Lubricar el resto del vástago con esa misma grasa para asegurar un sellado completamente hermético.

11. A raíz de la modificación de la Orden PCI/810/2018 del Reglamento General de Vehículos, su nueva ambulancia ha sido matriculada. ¿De qué color debe ser, de forma obligatoria y exclusiva, su señal luminosa V1?

a) Amarillo auto intermitente para diferenciarse de la policía.

b) Azul y rojo alternos para cumplir el estándar internacional.

c) Azul, equiparándose a los vehículos policiales, de bomberos y protección civil.

d) Verde esmeralda, reservado exclusivamente a personal sanitario.

12. Es de noche (03:00 am) y le activan para un código infarto (Prioridad 1) con tráfico muy fluido. Atendiendo al protocolo de señalización acústica nocturna, ¿qué modo debe emplear como norma general?

a) Sirena bitonal de bombero sin atenuador para asegurar el despeje de cruces desde larga distancia.

b) Clave 0 (sin luces ni sirenas) para no alterar el descanso de los vecinos de la zona.

c) Ráfagas intermitentes de claxon combinadas con el uso de luces largas.

d) Uso preferente de la señal luminosa aislada, y si requiere sonido, utilizar sirenas bitonales con intensidad atenuada.

13. Usted se aproxima a una intersección regulada por semáforo en fase roja durante un traslado urgente. ¿Con qué antelación mínima es obligatorio conectar la señalización acústica (sirena) antes de alcanzar la línea de detención?

a) 10 metros.

b) 50 metros.

c) 150 metros.

d) 200 metros.

14. Traslada a un paciente psiquiátrico con un cuadro agudo de agitación. El tráfico es moderado. Según las indicaciones clínicas operativas respecto al uso de la sirena, ¿qué actitud tomará el TES?

a) Activará la sirena al volumen máximo posible para aturdir al paciente y facilitar su manejo.

b) Evitará el uso de la señal acústica utilizando de forma aislada la señal luminosa V1 para no empeorar el estrés y la agitación del paciente.

c) Utilizará la sirena exclusivamente en modo frecuencial rápido, que resulta clínicamente imperceptible en el habitáculo sanitario.

d) Apagará todos los rotativos luminosos, pero mantendrá la sirena acústica para alertar al tráfico.

15. Se dirige a un accidente en una autovía y, al llegar, comprueba que no hay presencia de la Guardia Civil. Para asegurar la zona y proteger a los intervinientes, ¿cómo debe estacionar la ambulancia actuando como barrera física?

a) Posicionará el vehículo en paralelo al arcén, a unos 5 metros por delante del vehículo siniestrado.

b) Cruzará la ambulancia perpendicularmente bloqueando ambos carriles, con el motor apagado y las llaves quitadas.

c) Posicionará el vehículo de forma oblicua, a un mínimo de 25 metros antes del siniestro, con el morro hacia el centro de la vía y la parte posterior hacia el arcén, contrario a la puerta lateral.

d) Estacionará a 100 metros del accidente encendiendo únicamente la señal luminosa de avería V2.

16. A partir del 1 de enero de 2026, si su ambulancia sufre una avería que la inmoviliza en la calzada, ¿cuál será el único dispositivo de preseñalización de peligro legalmente permitido, que sustituye a los triángulos convencionales?

a) El rotativo amarillo de vehículo lento fijado en la defensa delantera.

b) Un cono reflectante de 75 centímetros colocado en el centro del carril.

c) Dos bengalas químicas de combustión estática separadas a 50 metros.

d) La baliza luminosa V16 conectada, fijada en la parte más alta de la carrocería, que geolocaliza a la plataforma DGT 3.0.

17. Conduciendo hacia un aviso vital, se encuentra un atasco total en una vía urbana. La DGT informa de la futura tecnología de "Carriles conectados" (efecto pasillo automático). ¿En qué consiste esta innovación aplicable al TSAC?

a) Las ambulancias llevarán defensas neumáticas para desplazar físicamente a los turismos hacia los arcenes.

b) La ambulancia geolocalizada enviará una alerta telemática a los ordenadores de a bordo de los coches cercanos, exigiéndoles abrir un pasillo de emergencia incluso antes de que escuchen la sirena.

c) Los semáforos cambiarán a fase verde permanentemente de forma automática a un kilómetro de distancia.

d) Se crearán carriles de peaje subterráneos exclusivos para vehículos pesados y ambulancias en servicio.

18. En la fase de carga de una camilla electrohidráulica asistida por un sistema mecanizado tipo PowerLOAD, ocurre un corte del sistema eléctrico en la ambulancia. ¿Cómo garantiza la seguridad la extracción del paciente?

a) El dispositivo incluye sensores de ángulo que impiden la liberación de los brazos y requiere el uso de un panel de anulación manual de emergencia que baja el equipo.

b) La camilla cae por gravedad hasta golpear el suelo con el tren de rodaje desplegado por inercia.

c) El TES debe utilizar una cizalla para cortar los latiguillos del sistema hidráulico principal.

d) La camilla quedará bloqueada indefinidamente en la bancada hasta que se arranque el motor del vehículo.

19. Debe descender con una camilla por una rampa muy pronunciada para acceder a la sala de observación. Para prevenir inercias dañinas sobre el paciente, ¿qué protocolo postural debe aplicar el TES?

a) Empujará la camilla desde el cabecero caminando de frente a la máxima velocidad posible.

b) Se situará en el lateral izquierdo, controlando la barandilla con una mano y frenando la rueda con el pie.

c) Se situará en el piecero (parte inferior) y caminará hacia atrás, reteniendo el peso, de manera que la cabeza del paciente quede siempre más elevada que sus pies.

d) Descenderá en zigzag para reducir el coeficiente de inclinación de la camilla respecto al suelo.

20. Transportando material estéril (equipos de cirugía menor) en la unidad de emergencias, ¿cuál es la medida fundamental de almacenamiento para no comprometer la bioseguridad?

a) Guardarlo en contenedores amarillos de Tipo III diseñados para riesgos biológicos.

b) Almacenarlo en armarios cerrados, libres de humedad y polvo, garantizando la indemnidad absoluta de los embalajes originales.

c) Pulverizar los paquetes de papel con una solución de hipoclorito sódico antes de cada turno operativo.

d) Mantenerlos en el salpicadero de la cabina de conducción expuestos a los rayos ultravioleta del sol para esterilización natural.

En MADTEST tienes **más preguntas de este tema**, y todos tus avances quedan registrados y se reflejan en el ranking.

¡Supera tus límites con MADTEST!

Solución al test n.º 12

1. b) En la cabecera de la camilla, empujando de forma que el paciente avance de cara al sentido de la marcha, abriendo camino con los pies.

2. a) El TES empujará obligatoriamente desde el piecero de la camilla, dejando la zona de la cabecera despejada para el control de la vía aérea por parte del personal facultativo.

3. b) Debe igualar la altura de ambas superficies o dejar la camilla de destino ligeramente más baja, utilizando el transfer como puente sin dejar huecos.

4. c) Solo después de extraer completamente el conjunto y verificar visual e sonoramente el despliegue y bloqueo de las patas delanteras.

5. c) Desplegar los patines de fricción (esquíes) y apoyarlos sobre el borde de los dos primeros escalones antes de comenzar el descenso continuo.

6. b) Ampliar el área de superficie de apoyo de la camilla (hasta 84 cm) para acomodar la masa corporal, proporcionando estabilidad lateral.

7. a) Normativa UNEEN 1789.

8. c) En abrir y cerrar rápida y levemente la llave del tanque nuevo para dejar escapar una ráfaga que expulse el polvo del orificio.

9. c) Existe ausencia, deterioro o desgaste en la arandela de goma (junta tórica) situada entre el regulador y el vástago.

10. b) Cambiarse los guantes inmediatamente y limpiar la válvula, ya que el oxígeno a presión en contacto con derivados del petróleo genera alto riesgo de explosión térmica.

11. c) Azul, equiparándose a los vehículos policiales, de bomberos y protección civil.

12. d) Uso preferente de la señal luminosa aislada, y si requiere sonido, utilizar sirenas bitonales con intensidad atenuada.

13. b) 50 metros.

14. b) Evitará el uso de la señal acústica utilizando de forma aislada la señal luminosa V1 para no empeorar el estrés y la agitación del paciente.

15. c) Posicionará el vehículo de forma oblicua, a un mínimo de 25 metros antes del siniestro, con el morro hacia el centro de la vía y la parte posterior hacia el arcén, contrario a la puerta lateral.

16. d) La baliza luminosa V16 conectada, fijada en la parte más alta de la carrocería, que geolocaliza a la plataforma DGT 3.0.

17. b) La ambulancia geolocalizada enviará una alerta telemática a los ordenadores de a bordo de los coches cercanos, exigiéndoles abrir un pasillo de emergencia incluso antes de que escuchen la sirena.

18. a) El dispositivo incluye sensores de ángulo que impiden la liberación de los brazos y requiere el uso de un panel de anulación manual de emergencia que baja el equipo.

19. c) Se situará en el piecero (parte inferior) y caminará hacia atrás, reteniendo el peso, de manera que la cabeza del paciente quede siempre más elevada que sus pies.

20. b) Almacenarlo en armarios cerrados, libres de humedad y polvo, garantizando la indemnidad absoluta de los embalajes originales.

TEST N.º 13

Causa determinante de la prestación del servicio. Situación de urgencia con o sin riesgo vital para el enfermo. Diferencia entre urgencia y emergencia. Imposibilidad física o incapacidad para el uso de transporte ordinario. Otras causas médicas. Transporte secundario o interhospitalario

1. Es usted alertado por el CCU para realizar un traslado de un paciente con sospecha clínica de tuberculosis activa (transmisión aérea). Según la normativa autonómica sobre organización del transporte sanitario, para ejecutar este servicio está terminantemente prohibido utilizar:

a) Una Ambulancia No Asistencial (ANA) de clase A1.
b) Una ambulancia de Soporte Vital Básico (clase B).
c) Una ambulancia de transporte sanitario colectivo (clase A2).
d) Una Unidad Móvil de Emergencias (clase C) medicalizada.

2. Finaliza el traslado de un paciente que ha presentado abundante sintomatología respiratoria por una infección vírica (transmisión por gotitas). Durante el reacondicionamiento de la célula sanitaria, el protocolo establece que la desinfección de superficies debe realizarse con:

a) Hipoclorito sódico a 100 ppm durante un tiempo de exposición de 10 minutos.
b) Hipoclorito sódico a 1000 ppm dejándolo actuar durante un tiempo mínimo de 5 minutos.
c) Una solución de clorhexidina al 2% evaporada durante al menos 15 minutos exactos.
d) Peróxido de hidrógeno al 5% con un frotado mecánico intenso e inmediato sin espera.

3. Se le asigna un servicio motivado por "razones higiénicosanitarias" para un paciente que padece un Síndrome de Diógenes extremo con una infestación parasitaria aguda. Legalmente, esta circunstancia excluye el uso de transporte ordinario, pero para que el TES intervenga es imprescindible:

a) Que el Técnico verifique visualmente la falta de higiene al llegar al domicilio del paciente.
b) Que la situación sea dictaminada y prescrita exclusivamente a juicio de un facultativo.

c) Que los Servicios Sociales del Ayuntamiento soliciten el traslado a través de la Policía Local.

d) Que el paciente autorice verbalmente a la dotación sanitaria la limpieza de su domicilio.

4. Una familia le solicita realizar un traslado a su domicilio para un paciente hospitalizado que ha pedido el "alta voluntaria", asumiendo la familia el riesgo. Según la normativa del Servicio Murciano de Salud sobre exclusiones de la prestación, ¿en qué único supuesto estaría amparado este traslado en ambulancia pública?

a) Cuando el paciente padezca una incapacidad física biomecánica temporal o permanente.

b) Cuando la familia resida a una distancia superior a 50 kilómetros del centro hospitalario.

c) Cuando el alta voluntaria recaiga sobre un paciente con una enfermedad en fase terminal.

d) Cuando el centro hospitalario no disponga de ambulancias propias para realizar servicios.

5. Se dirige con su Unidad Móvil de Emergencias (UME) hacia un domicilio por un aviso de agitación psicomotriz con grave riesgo de autolisis. Con el objetivo de garantizar la seguridad e impedir la escalada de agresividad del paciente, la medida operativa inicial al aproximarse al lugar será:

a) Activar todos los prioritarios acústicos al máximo volumen para advertir de su inminente llegada.

b) Desconectar los prioritarios acústicos en las cercanías, manteniendo exclusivamente los luminosos.

c) Estacionar el vehículo bloqueando la puerta del domicilio para evitar que el paciente pueda huir.

d) Acceder rápidamente a la vivienda antes de que lleguen las Fuerzas y Cuerpos de Seguridad.

6. En un escenario de intento de autolisis, el facultativo indica la contención mecánica en la camilla de la ambulancia debido al estado violento del paciente. Como TES, usted sabe que en este procedimiento de restricción de movimientos:

a) Debe ejecutarse atando al paciente boca abajo para evitar que pueda autolesionarse o morder.

b) Solo deben sujetarse las muñecas del paciente, dejando libres los miembros inferiores por ética.

c) El personal sanitario asume automáticamente la custodia legal del paciente durante todo el trayecto.

d) Debe realizarse de forma conjunta con los agentes del orden, fijando muñecas, tobillos y cabeza.

7. Un interno de un centro penitenciario requiere asistencia sanitaria. Tras la valoración, el médico decide que es imprescindible su traslado al hospital, pero su estado clínico requiere soporte vital continuo en ruta. En cuanto a la custodia legal del recluso durante el trayecto en la UME:

a) Recae siempre y en todo momento sobre las Fuerzas y Cuerpos de Seguridad que escoltan la unidad.

b) Es compartida equitativamente entre el Técnico en Emergencias Sanitarias y los agentes del orden.

c) Se transfiere legalmente al médico y al enfermero de la UME una vez se cierran las puertas de la cabina.

d) Pasa a ser responsabilidad exclusiva del personal de seguridad interno del hospital al iniciar la marcha.

8. El Traslado Interhospitalario (TIH) está tipificado normativamente en la cartera de servicios del Servicio Murciano de Salud. A efectos burocráticos y operativos, ¿con qué denominación técnica se conoce al desplazamiento de pacientes desde un centro sanitario hacia otro hospital de referencia?

a) Transporte asistencial primario.

b) Transporte sanitario colectivo.

c) Transporte secundario.

d) Transporte logístico intercentros.

9. Recibe un aviso de Transporte Interhospitalario clasificado como "Emergente" por un paciente con un hematoma epidural grave que precisa cirugía inmediata. Según los estándares operativos, el tiempo máximo de llegada de la unidad al hospital emisor no debería superar:

a) Los 5 minutos desde la activación.

b) Los 15 minutos desde la activación.

c) Los 30 minutos desde la activación.

d) Los 60 minutos desde la activación.

10. La diferencia clínica fundamental que justifica catalogar un Traslado Interhospitalario como "Urgente" y no como "Emergente" radica operativamente en:

a) Que el paciente presenta una estabilidad absoluta y no requiere de monitorización durante el trayecto.

b) Que el traslado se agenda con 12 horas de preaviso para evitar coincidir con los relevos del personal.

c) Que el tratamiento de estabilización inicial es asumible y eficaz de forma transitoria en el hospital emisor.

d) Que el hospital receptor carece momentáneamente de recursos y obliga a la ambulancia a esperar en ruta.

11. Va a realizar un Traslado Interhospitalario Programado (demorable) para una paciente estable que precisa una resonancia magnética. Por norma general de seguridad logística, ¿en qué franja horaria se recomienda evitar la programación de este tipo de servicios?

a) Entre las 14:00 y las 16:00 horas, por el volumen de altas.
b) Entre las 00:00 y las 08:00 horas, coincidiendo con los relevos.
c) Entre las 10:00 y las 12:00 horas, por saturación de urgencias.
d) Entre las 20:00 y las 22:00 horas, debido al tráfico urbano nocturno.

12. Antes de iniciar la movilización de un paciente crítico para un traslado interhospitalario, la normativa establece como "condición previa imprescindible" que evita demoras o complicaciones en ruta:

a) Que el TES firme el consentimiento informado en representación del paciente incapacitado.
b) Que el paciente esté clínica y hemodinámicamente estabilizado por parte del hospital emisor.
c) Que el vehículo de los familiares inicie la marcha detrás de la ambulancia formando un convoy.
d) Que la ambulancia desconecte todo su electromedical de la red eléctrica al llegar al hospital.

13. A su llegada a un hospital comarcal para realizar un traslado secundario de un neonato crítico, observa que el equipo prepara un perfusor de prostaglandinas. Según el protocolo, el material fungible específico y la medicación durante esta ruta debe ser aportada por:

a) La dotación farmacológica estándar que porta la propia Unidad Móvil de Emergencias.
b) El Centro Coordinador de Urgencias (CCU) a través del vehículo de apoyo logístico.
c) El Servicio de Neonatología del propio hospital emisor (hospital de origen).
d) El farmacéutico de guardia del hospital receptor (hospital de destino).

14. El circuito de coordinación operativa del Traslado Interhospitalario (TIH) exige una triangulación comunicativa ineludible. ¿Quién es el responsable directo de obtener la aceptación inicial del paciente y confirmar la cama en el hospital de destino?

a) El Técnico en Emergencias Sanitarias al contactar por emisora con la central.
b) El médico prescriptor del hospital emisor de forma directa con el médico receptor.
c) La mesa de enfermería del Centro Coordinador de Urgencias (CCU) del 112.
d) El servicio de Admisión del hospital emisor una vez la ambulancia inicia la ruta.

15. Se encuentran realizando el transfer de la cama hospitalaria a la camilla de la ambulancia. Para evitar iatrogenias mecánicas severas y complicaciones como extubaciones accidentales, la actuación fundamental del TES será:

a) Acelerar el movimiento pasando rápidamente el monitor y los objetos pesados por encima del paciente.

b) Delegar toda la maniobra al personal de celadores del hospital, manteniéndose en la cabina del vehículo.

c) Asegurar que todos los dispositivos invasivos estén fijados próximos al cuerpo del paciente previo al movimiento.

d) Colocar inmediatamente al paciente en posición de Trendelenburg para facilitar el deslizamiento a la camilla.

16. Durante el traslado interhospitalario de un paciente politraumatizado grave e inestable, se produce una complicación médica que requiere intervención clínica inmediata. La directriz técnica ineludible para el TES conductor en esta situación es:

a) Aumentar la velocidad y utilizar todas las señales acústicas para reducir el tiempo de llegada al destino.

b) Detener el vehículo obligatoriamente en un lugar seguro tantas veces como sea necesario para permitir actuar al equipo.

c) Mantener una velocidad de crucero constante de 50 km/h mientras el equipo realiza maniobras de soporte vital.

d) Solicitar escolta policial inmediata para que abran paso entre el tráfico sin necesidad de reducir la marcha.

17. Al llegar a la Unidad de Cuidados Intensivos del hospital receptor con un traslado secundario crítico, comprueban que el médico designado no se encuentra localizable. Tras un tiempo prudencial de espera garantizando la seguridad, el equipo debe transferir al paciente al Servicio de Urgencias. ¿Cuál es este tiempo protocolizado?

a) 5 minutos de espera.

b) 10 minutos de espera.

c) 30 minutos de espera.

d) 45 minutos de espera.

18. La Escala SVPTS (Sistema de Valoración de Pacientes para Transporte Secundario) estratifica el riesgo del traslado. Si un paciente precisa soporte tecnofarmacológico del "Grupo II", correspondiente a relajantes musculares o trombolíticos, ¿qué puntuación directa se le asigna en este parámetro?

a) 0 puntos, pues no afecta a la puntuación total de la escala SVPTS.

b) 1 punto, asignándole obligatoriamente una ambulancia de Soporte Vital Básico.

c) 2 puntos, lo que contribuye a la asignación de un recurso de mayor complejidad.

d) 3 puntos, procediendo a la intubación profiláctica de forma sistemática.

19. Si tras calcular la escala SVPTS (Moreno Millán) a un paciente en el hospital emisor se obtiene una puntuación total de 2 puntos, el recurso móvil normativamente asignado por el CCU para ejecutar el traslado secundario será:

a) Una Unidad Móvil de Emergencias (Soporte Vital Avanzado).

b) Una Ambulancia Asistencial de Soporte Vital Avanzado Enfermero (SVAE).

c) Una Ambulancia Asistencial dotada con Soporte Vital Básico (SVB).

d) Una Ambulancia No Asistencial (ANA) o transporte convencional.

20. Existen situaciones de inestabilidad extrema o dependencia terapéutica donde la asignación de una Unidad Móvil de Emergencias (SVA) es automática e ineludible, obviando la puntuación de la escala SVPTS. Un ejemplo protocolizado de esta excepción es:

a) Un paciente estable que requiere una Resonancia Magnética en otro centro.

b) Un alta voluntaria solicitada por un paciente psiquiátrico sin contención.

c) La activación de un Código Ictus o un Síndrome Coronario Agudo con Elevación del ST.

d) Un traslado demorable de un paciente con vía periférica única sin perfusión activa.

En MADTEST tienes **más preguntas de este tema**, y todos tus avances quedan registrados y se reflejan en el ranking.

¡Supera tus límites con MADTEST!

Solución al test n.º 13

1. c) Ambulancia de clase A2 (transporte sanitario colectivo).

2. b) Hipoclorito sódico a 1000 ppm dejándolo actuar durante un tiempo mínimo de 5 minutos.

3. b) Que la situación sea dictaminada y prescrita exclusivamente a juicio de un facultativo.

4. c) Cuando el alta voluntaria recaiga sobre un paciente con una enfermedad en fase terminal.

5. b) Desconectar los prioritarios acústicos en las cercanías, manteniendo exclusivamente los luminosos.

6. d) Debe realizarse de forma conjunta con los agentes del orden, fijando muñecas, tobillos y cabeza.

7. a) Recae siempre y en todo momento sobre las Fuerzas y Cuerpos de Seguridad que escoltan la unidad.

8. c) Transporte secundario.

9. b) Los 15 minutos desde la activación.

10. c) Que el tratamiento de estabilización inicial es asumible y eficaz de forma transitoria en el hospital emisor.

11. b) Entre las 00:00 y las 08:00 horas, coincidiendo con los relevos.

12. b) Que el paciente esté clínica y hemodinámicamente estabilizado por parte del hospital emisor.

13. c) El Servicio de Neonatología del propio hospital emisor (hospital de origen).

14. b) El médico prescriptor del hospital emisor de forma directa con el médico receptor.

15. c) Asegurar que todos los dispositivos invasivos estén fijados próximos al cuerpo del paciente previo al movimiento.

16. b) Detener el vehículo obligatoriamente en un lugar seguro tantas veces como sea necesario para permitir actuar al equipo.

17. b) 10 minutos de espera.

18. c) 2 puntos, lo que contribuye a la asignación de un recurso de mayor complejidad.

19. d) Una Ambulancia No Asistencial (ANA) o transporte convencional.

20. c) La activación de un Código Ictus o un Síndrome Coronario Agudo con Elevación del ST.

TEST N.º 14

Características generales y particulares de una UME. Mantenimiento y conocimiento asistencial. Conducción de vehículo de emergencias. Comunicaciones en emergencias

1. Acaba de recibir por la App ECHO la asignación de una emergencia por un accidente de tráfico. Al subirse a la cabina y arrancar la UME, usted debe comunicar al Centro Coordinador de Urgencias (CCU) que inicia el desplazamiento. ¿Qué acción realizará en la emisora TETRA?

a) Pulsar el botón 3 (Color azul oscuro) para indicar que el recurso se encuentra en movimiento hacia el objetivo.

b) Pulsar de forma sostenida el botón 1 (Color azul claro) para certificar el estado de "Saliendo".

c) Transmitir por el canal de voz abierto sus datos personales y el tiempo estimado de llegada al punto.

d) Pulsar el botón 2 (Color rosa) para indicar que asume el servicio y se encuentra en ruta.

2. Circula de noche con la UME por una travesía urbana vacía y bien iluminada para atender una disnea leve. Para minimizar las molestias al vecindario, decide apagar la sirena. Según el Reglamento de Circulación, esta acción es:

a) Ilegal, puesto que la consideración de vehículo prioritario exige siempre el uso simultáneo de señales acústicas y luminosas.

b) Legal y obligatoria, ya que el conductor debe utilizar la señal luminosa V-1 aisladamente cuando la omisión de la sirena no entrañe peligro para los demás usuarios.

c) Legal, pero requerirá solicitar autorización previa por el canal de voz a la Policía Local del municipio correspondiente.

d) Ilegal, excepto si el paciente ya se encuentra cargado en la célula asistencial y la patología requiere una conducción silenciosa.

3. Tras atender a un paciente con sospecha de tuberculosis activa, el médico le indica que el habitáculo está contaminado. Antes de proceder a la desinfección de superficies con lejía, ¿cuál es su primera acción como TES?

a) Aplicar desinfectante en aerosol con las puertas cerradas para asegurar la erradicación del bacilo en el aire.

b) Desmontar los equipos de electromedicina y sumergirlos en una solución de glutaraldehído al 2,5%.

c) Ventilar el habitáculo abriendo puertas y ventanas durante un periodo de 15 a 30 minutos en un espacio exterior.

d) Fregar el suelo de la ambulancia con hipoclorito sódico a 5000 ppm inmediatamente tras bajar al paciente.

4. El CCU le moviliza a un domicilio por un paciente psiquiátrico con un cuadro de agitación psicomotriz severa y agresividad. Al llegar a la calle indicada, usted observa al paciente fuera del domicilio increpando a los viandantes. Su actuación prioritaria será:

a) Bajar rápidamente del vehículo junto con el médico e intentar una contención verbal antes de que la situación empeore.

b) Acercarse por la espalda del paciente para aplicar las correas de inmovilización mecánica en las muñecas.

c) Permanecer en el interior de la ambulancia en un lugar seguro y esperar la llegada ineludible de las Fuerzas del Orden Público antes de intervenir.

d) Iluminar al paciente con los faros halógenos y activar la sirena multitonal para intimidarlo y lograr que cese su actitud.

5. Llega con la unidad a un accidente de tráfico en una carretera convencional de doble sentido. Al posicionar la ambulancia para iniciar la asistencia, ¿cómo debe colocar el vehículo?

a) Estacionar a 5 metros del vehículo siniestrado, en paralelo, para facilitar la extracción rápida del paciente a la camilla.

b) Estacionar a una distancia de 25 a 30 metros por delante del accidente, utilizándolo como pantalla protectora, y girando la dirección hacia el lado contrario de la zona de trabajo.

c) Rebasar el accidente y aparcar 50 metros por delante para evitar que la ambulancia sufra daños por proyecciones de cristales.

d) Estacionar invadiendo el carril contrario con las luces apagadas para no deslumbrar a los conductores que circulen de frente.

6. Durante su turno de 24 horas, ha sido invitado a una celebración durante el tiempo de descanso y le ofrecen una cerveza. Teniendo en cuenta que en una hora debe retomar la conducción de la UME, la normativa de seguridad vial estipula que su tasa máxima de alcoholemia permitida es:

a) 0,5 g/l en sangre o 0,25 mg/l en aire espirado.

b) 0,0 g/l en sangre o 0,0 mg/l en aire espirado, aplicable a profesionales de emergencias.

c) 0,15 g/l en sangre o 0,15 mg/l en aire espirado.
d) 0,3 g/l en sangre o 0,15 mg/l en aire espirado.

7. Traslade en la UME a un paciente de 55 años diagnosticado de un Síndrome Coronario Agudo con Elevación del ST (SCACEST). El CCU ha dado la prealerta al hospital de referencia. A su llegada al centro, el paciente debe ser dirigido a:

a) La sala de triage general para su filiación administrativa antes de la intervención.
b) Los boxes de parada de urgencias para una reevaluación por el médico intensivista.
c) Directamente a la sala de hemodinámica para la realización de una angioplastia primaria, evitando el paso por urgencias.
d) La Unidad de Cuidados Intensivos (UCI) para estabilización previa a las pruebas diagnósticas.

8. Han transferido a un paciente crítico en el hospital y se disponen a limpiar la camilla y reponer la medicación gastada. ¿Qué estado operativo debe transmitir por el terminal de datos?

a) Botón 5 (Libre no disponible), indicando que la unidad no puede asumir un nuevo aviso en ese momento por requerir logística.
b) Botón 4 (Listo en breve), indicando que están en el hospital, pero operativos para otra urgencia vital.
c) Botón 0 (Disponible), ya que la asistencia directa al paciente ha finalizado.
d) Botón 3 (Cargado), hasta que se reponga la última ampolla del maletín.

9. Inician un traslado secundario (interhospitalario) de un paciente con sedoanalgesia. Usted, como TES en la cabina de conducción, sabe que respecto al uso de los cinturones de seguridad en el compartimento asistencial:

a) Son opcionales para el personal sanitario si se encuentran realizando técnicas de soporte vital.
b) Son obligatorios siempre con el vehículo en marcha, tanto para el personal sanitario como para el paciente en la camilla.
c) Solo son obligatorios para el paciente, quedando el personal exento por la necesidad de movilidad en la célula.
d) No deben utilizarse en vías urbanas si la velocidad de la UME no supera los 50 km/h.

10. Su unidad es requerida para una intervención donde también actuará el helicóptero medicalizado. Al llegar al punto de toma, ¿dónde y cómo estacionará la ambulancia mientras espera el aterrizaje de la aeronave?

a) A 10 metros del punto de toma, recibiendo el viento de frente para mejorar la aerodinámica del helicóptero.
b) Exactamente en el centro de la helisuperficie balizada con las luces rotativas encendidas para guiar al piloto.

c) A una distancia mínima de 30 metros del perímetro, recibiendo el viento en su parte trasera para que la aeronave aterrice hacia la ambulancia. D

d) A 50 metros del punto de toma, de forma perpendicular al viento, con los rotativos apagados para no deslumbrar.

11. En la fase de aproximación a una emergencia, el GPS del dispositivo embarcado le ofrece varias rutas alternativas. Según el protocolo de conducción operativa, usted debe seleccionar:

a) El trayecto más rápido, luego el más corto y por último el más seguro.

b) El trayecto más seguro, seguido del más rápido y, por último, el más corto.

c) El trayecto más corto, independientemente de la densidad del tráfico, para minimizar el kilometraje.

d) El trayecto con vías de mayor amplitud, priorizando siempre las autovías frente a rutas urbanas más directas.

12. Durante la asistencia a un paciente politraumatizado en vía pública, el enfermero retira un reloj y una cartera del herido. Como TES, su responsabilidad sobre estos objetos es:

a) Entregarlos inmediatamente a cualquier viandante que afirme conocer al paciente para evitar responsabilidades.

b) Depositarlos sueltos en la guantera de la cabina de conducción hasta el final del turno.

c) Registrarlos formalmente en la "Bolsa de Pertenencias" y asegurar su entrega documentada al paciente o representante legal en el hospital.

d) Dejarlos en el lugar del incidente bajo la custodia del personal de limpieza vial.

13. Conduce la UME en enero hacia una zona de montaña y comienza a nevar intensamente, cubriendo la calzada. Ante esta situación climatológica adversa, la normativa vigente:

a) Prohíbe expresamente continuar la marcha, debiendo abortar la misión y regresar a la base.

b) Exige el uso obligatorio de neumáticos de invierno o cadenas en los vehículos de transporte sanitario entre noviembre y marzo.

c) Permite adelantar a las máquinas quitanieves por el arcén izquierdo utilizando la sirena multitonal.

d) Obliga a desinflar los neumáticos un 30% para aumentar la superficie de adherencia sobre el hielo.

14. Intenta comunicar por radio TETRA una complicación en el lugar del siniestro. Al presionar el botón PTT (Push To Talk), la norma estricta de fonía dicta que usted debe:

a) Comenzar a hablar inmediatamente para ahorrar tiempo y liberar el canal de comunicaciones.

b) Esperar un mínimo de un segundo antes de articular la primera palabra para evitar que se pierda el inicio del mensaje.

c) Pegar los labios al micrófono y elevar el tono de voz para superar el ruido ambiente de la sirena.

d) Pronunciar tres veces su indicativo antes de soltar el botón para confirmar la apertura de la red.

15. De camino a un aviso, siente un mareo brusco y visión borrosa (posible hipoglucemia). Como conductor del vehículo de emergencias, su acción inmediata y protocolizada debe ser:

a) Acelerar la marcha activando todos los prioritarios para llegar al punto y que el médico de la dotación le examine.

b) Pasar el control del volante al TES de la cabina asistencial sin detener el vehículo para no retrasar la asistencia.

c) Detener inmediatamente la ambulancia en un lugar seguro, como el arcén, e informar al Centro Coordinador de Urgencias.

d) Tomar un sobre de glucosa del botiquín mientras conduce con una sola mano, reduciendo la velocidad a 40 km/h.

16. Deberá transmitir por radio la matrícula de un vehículo implicado en un accidente: "C-G-T". Utilizando el alfabeto fonético internacional (Código ICAO), usted pronunciará:

a) Charlie - Golf - Tango.

b) Carlos - Gerona - Toledo.

c) Charlie - Gamma - Texas.

d) Cobra - Golf - Tango.

17. Llega a un accidente nocturno en una carretera comarcal. La Guardia Civil aún no ha llegado. Para proteger la escena, procederá al balizamiento colocando los triángulos reflectantes a una distancia de:

a) 50 metros en el sentido de la marcha del vehículo siniestrado.

b) 150 metros del foco del accidente, abarcando ambos sentidos de la circulación si es necesario.

c) 25 metros por detrás de la ambulancia para proteger el portón trasero.

d) 300 metros exclusivamente en cambios de rasante o curvas ciegas.

18. Atienden en domicilio a un paciente de 40 años, "Pedro Pérez". El médico le pide que comunique la situación por radio. Para proteger el secreto profesional, está terminantemente prohibido:

a) Transmitir la edad y el sexo del paciente por un canal de grupo.

b) Informar del estado de gravedad por el canal de datos.

c) Transmitir el nombre, apellidos o filiación del paciente a través de canales de voz abiertos.

d) Solicitar por radio la presencia policial argumentando un intento de autolisis.

19. Se declara un pequeño incendio en el motor de un vehículo accidentado. Decide utilizar el extintor polivalente de la UME. La técnica correcta de extinción indica que debe:

a) Dirigir el chorro hacia la parte superior de las llamas para ahogar la salida de gases.

b) Vaciar todo el contenido en el centro del fuego en un solo disparo continuo de 10 segundos.

c) Dirigir el chorro a la base de las llamas, aproximándose a favor del viento.

d) Aplicar el extintor desde el interior del vehículo accidentado hacia afuera.

20. Al finalizar el traslado, se realiza la transferencia del paciente al equipo hospitalario. Este proceso implica:

a) Dejar al paciente en la sala de espera y notificar administrativamente en admisión.

b) El traspaso de la responsabilidad clínica mediante información verbal directa al facultativo receptor y entrega de copia de la historia clínica.

c) Que el TES de conducción explique la patología al celador del hospital mientras el médico repone la ambulancia.

d) La finalización automática del servicio mediante la App ECHO, sin necesidad de contacto visual con el personal de urgencias.

En MADTEST tienes **más preguntas de este tema**, y todos tus avances quedan registrados y se reflejan en el ranking.

¡Supera tus límites con MADTEST!

Solución al test n.º 14

1. b) Pulsar de forma sostenida el botón 1 (Color azul claro) para cer-tificar el estado de "Saliendo".

2. b) Legal y obligatoria, ya que el conductor debe utilizar la señal luminosa V-1 ais-ladamente cuando la omisión de la sirena no en-trañe peligro para los demás usuarios.

3. c) Ventilar el habitáculo abriendo puertas y ventanas durante un periodo de 15 a 30 minutos en un espacio exterior.

4. c) Permanecer en el interior de la ambulancia en un lugar seguro y esperar la lle-gada ineludible de las Fuerzas del Orden Público antes de intervenir.

5. b) Estacionar a una distancia de 25 a 30 metros por delante del ac-cidente, utili-zándolo como pantalla protectora, y girando la direc-ción hacia el lado contrario de la zona de trabajo.

6. d) 0,3 g/l en sangre o 0,15 mg/l en aire espirado.

7. c) Directamente a la sala de hemodinámica para la realización de una angioplastia primaria, evitando el paso por urgencias.

8. a) Botón 5 (Libre no disponible), indicando que la unidad no puede asumir un nuevo aviso en ese momento por requerir logística.

9. b) Son obligatorios siempre con el vehículo en marcha, tanto para el personal sanitario como para el paciente en la camilla.

10. c) A una distancia mínima de 30 metros del perímetro, recibiendo el viento en su parte trasera para que la aeronave aterrice hacia la ambulancia.

11. b) El trayecto más seguro, seguido del más rápido y, por último, el más corto.

12. c) Registrarlos formalmente en la "Bolsa de Pertenencias" y asegu-rar su entrega documentada al paciente o representante legal en el hospital.

13. b) Exige el uso obligatorio de neumáticos de invierno o cadenas en los vehículos de transporte sanitario entre noviembre y marzo.

14. b) Esperar un mínimo de un segundo antes de articular la primera palabra para evitar que se pierda el inicio del mensaje.

15. c) Detener inmediatamente la ambulancia en un lugar seguro, como el arcén, e informar al Centro Coordinador de Urgencias.

16. a) Charlie - Golf - Tango.

17. b) 150 metros del foco del accidente, abarcando ambos sentidos de la circulación si es necesario.

18. c) Transmitir el nombre, apellidos o filiación del paciente a través de canales de voz abiertos.

19. c) Dirigir el chorro a la base de las llamas, aproximándose a favor del viento.

20. b) El traspaso de la responsabilidad clínica mediante información verbal directa al facultativo receptor y entrega de copia de la histo-ria clínica.

TEST N.º 15

Conocimiento y control del equipamiento y material necesario para el transporte sanitario medicalizado y de urgencias. Sistemas de almacenaje. Normas de seguridad e higiene aplicadas a materiales sanitarios. Gestión de residuos sanitarios. Conocimiento y manejo en emisoras de radio y equipos de comunicación

1. Durante la revisión del material de oxigenoterapia en una ambulancia de Soporte Vital Avanzado (Clase C) al inicio de su guardia, usted debe comprobar la instalación centralizada. Para que el vehículo esté operativo según la normativa, ¿qué capacidad mínima y presión de servicio deben presentar los cilindros fijos principales?

a) Una capacidad mínima total de 1000 litros presurizada a 150 bares, con un caudalímetro de hasta 10 litros por minuto.

b) Una capacidad mínima total de 2000 litros presurizada a 200 bares, permitiendo flujos continuos de hasta 15 litros por minuto.

c) Una capacidad mínima total de 3000 litros presurizada a 300 bares, con tomas empotradas de suministro de alto flujo regulable.

d) Es suficiente con botellas portátiles de aleación ligera que sumen 2000 litros con manorreductor de caudal variable integrado.

2. Asistimos en un domicilio a un paciente que sufre una parada cardiorrespiratoria extrahospitalaria. El equipo médico procede a utilizar el monitordesfibrilador portátil de dotación. ¿Qué características técnicas debe cumplir obligatoriamente este equipo electromédico en su unidad de Clase C?

a) Registro electrocardiográfico de 3 derivaciones, oximetría de pulso y desfibrilación automática con energía fija de 200 julios.

b) Capacidad exclusiva de desfibrilación semiautomática (DESA) y registro de 12 derivaciones para envío telemático al hospital.

c) Registro de 12 derivaciones, capnografía, marcapasos transcutáneo y descargas de energía regulables entre 10 y 360 julios.

d) Pulsioximetría, registro de 6 derivaciones y desfibrilación manual con energía máxima bloqueada por seguridad en 150 julios.

177

3. En un accidente de tráfico, un paciente adulto se encuentra atrapado mecánicamente en el asiento del conductor. Para su extricación inmovilizada y segura en posición sentada, previniendo lesiones neurológicas secundarias, ¿qué dispositivo traumatológico elegirá como primera opción?

a) Una férula de tracción mecánica específica acoplada directamente sobre el tablero espinal largo del vehículo.

b) Un inmovilizador pélvico circunferencial de emergencia combinado con un collarín cervical tipo Philadelphia.

c) Un colchón de vacío moldeable mediante bomba extractora para adaptarlo a la anatomía del paciente sentado en el asiento.

d) Un chaleco inmovilizador cérvicotorácico, tipo FernoKed, combinado con la previa colocación de un collarín cervical.

4. Durante el traslado de un paciente con sospecha de fractura de tibia y peroné, usted le ha colocado una férula neumática de inmovilización. A lo largo del trayecto, ¿por qué es fundamental que estos dispositivos prehospitalarios sean de plástico tetracameral transparente?

a) Porque el material transparente evita el sobrecalentamiento de la extremidad por radiación solar durante el transporte diurno.

b) Porque permite al profesional la inspección visual continua de la extremidad y la detección precoz de hemorragias activas.

c) Porque abarata los costes de fabricación y reduce el peso total de los dispositivos almacenados en las mochilas de ataque.

d) Porque son los únicos materiales compatibles con el uso de equipos de radiodiagnóstico en el servicio de urgencias hospitalario.

5. El facultativo de la ambulancia le indica que la intubación endotraqueal de un paciente gran quemado resulta físicamente imposible y requiere un abordaje quirúrgico vital de la vía aérea. ¿Qué equipo estéril de pequeña cirugía deberá facilitarle inmediatamente?

a) El equipo de cricotiroidotomía, diseñado para realizar una punción de emergencia a través de la membrana cricotiroidea.

b) El equipo de drenaje torácico, provisto de válvulas de Heimlich para la descompresión urgente de las cuerdas vocales.

c) Un tubo orofaríngeo de Guedel de gran calibre conectado directamente al balón resucitador manual con reservorio de oxígeno.

d) El laringoscopio con palas rectas tipo Miller combinado ineludiblemente con pinzas de Magill para extracción de cuerpos extraños.

6. Atendemos a una mujer gestante en vía pública en situación de parto inminente, procediendo a abrir el kit de asistencia estéril preconfigurado. Según el equipamiento quirúrgico normativo, ¿qué instrumental incluye este set para facilitar la exploración y el corte del cordón?

a) Bisturís con mango, palas de Macintosh, tijeras tipo MayoHegar y bolsas de diuresis con soporte rígido estructural.

b) Espéculo vaginal, pinzas Kocher, pinzas de cordón umbilical, tijeras de corte, gasas, tallas estériles y bolsa para la placenta.

c) Tubos endotraqueales neonatales, pinzas de disección con dientes, sondas nasogástricas y jeringa de alimentación de 50 cc.

d) Cánulas nasofaríngeas, manguitos de infusión rápida, tijeras cortaropa para exposición y vendas de crepé de contención.

7. Un paciente sufre una insuficiencia respiratoria aguda y el médico decide administrar salbutamol inhalado, junto con una terapia de fluidos para corregir una acidosis metabólica severa. ¿Qué soluciones y fármacos de dotación deberá preparar usted?

a) Broncodilatadores del sistema respiratorio e infusión de solución de Bicarbonato 1 molar o 1/6 molar de reposición.

b) Fármacos vasoactivos adrenérgicos y expansión volumétrica exclusiva mediante el uso de suero Ringer Lactato a presión.

c) Antagonistas centrales como la naloxona acompañados de soluciones coloidales para la restauración rápida del plasma sanguíneo.

d) Antiinflamatorios esteroideos y suero glucosado hipertónico para compensar la caída drástica de la presión intracraneal periférica.

8. Tras el traslado de un paciente diagnosticado con una enfermedad altamente infecciosa, el protocolo de bioseguridad más avanzado de su base exige una descontaminación ambiental automatizada de la célula sanitaria. ¿Qué tecnología se utilizará para alcanzar una reducción técnica del 99,9999% de los microorganismos sin dañar la electromedicina?

a) La fricción manual exhaustiva de paredes y equipos con disoluciones de hipoclorito sódico al diez por ciento.

b) La biodescontaminación hermética por Vapor de Peróxido de Hidrógeno (HPV) para la eliminación de patógenos y esporas.

c) El uso de aerosoles de amonio cuaternario de quinta generación pulverizados directamente sobre los monitores y bombas de infusión.

d) El aislamiento térmico de la ambulancia sometiendo el habitáculo a temperaturas superiores a los 135°C durante una hora.

9. Al reponer el almacén de farmacia de su base de emergencias, usted debe trasladar manualmente varias cajas de sueroterapia. Si las condiciones ergonómicas no son favorables, ¿a partir de qué peso límite la normativa sobre manipulación manual de cargas considera que existe un riesgo dorsolumbar intrínseco?

a) A partir de cargas superiores a 1 kilo, requiriendo en todo momento el uso de ayudas mecánicas y carretillas elevadoras.

b) A partir de cargas superiores a 3 kilos si las condiciones son desfavorables, con un límite general de 25 kg para hombres.

c) A partir de cargas superiores a 15 kilos en cualquier circunstancia y condición laboral en el entorno de los almacenes sanitarios.

d) A partir de cargas superiores a 50 kilos, ya que las cajas de sueroterapia sanitaria están exentas de normativas de peso laboral.

10. Durante el inventario logístico, usted debe acceder a un estante elevado utilizando una escalera de mano. Según la normativa de prevención de riesgos frente a caídas a distinto nivel, ¿cómo debe realizar el descenso con una pequeña caja de mascarillas?

a) Transportando la carga con ambas manos y descendiendo de espaldas a los peldaños para mantener la visibilidad del suelo.

b) Descendiendo lateralmente mientras desliza la caja por los rieles de la escalera para evitar sobrecargar su espalda.

c) Transportando la carga de modo que no impida una sujeción segura en ningún momento y mirando directamente hacia los peldaños.

d) Queda estrictamente prohibido utilizar escaleras de mano para subir o bajar cualquier tipo de material fungible en centros de salud.

11. Un operario logístico debe permanecer varias horas inventariando medicación termolábil en el interior de las cámaras frigoríficas. Para evitar el estrés por frío, ¿qué medida preventiva estructural deben incorporar ineludiblemente las puertas de estas cámaras?

a) Un sistema de cierre automático que selle el habitáculo e impida la apertura accidental desde el exterior por personal no autorizado.

b) Un sistema de cierre y apertura que sea completamente operable desde el interior y señales luminosas exteriores de advertencia.

c) Un termostato de bloqueo que impida la salida del operario si la temperatura corporal no se ha estabilizado según sensores térmicos.

d) Un cristal transparente de gran grosor que ocupe toda la puerta para permitir el contacto visual constante con el resto del equipo.

12. Usted está operando una emisora portátil (walkietalkie) en una zona con mucho ruido ambiental. Para transmitir un mensaje al Centro Coordinador sin emitir interferencias previas, ¿cómo debe utilizar físicamente el equipo?

a) Accionando el interruptor PTT (Push To Talk) repetidamente durante la escucha para activar el canal prioritario.

b) Escuchando invariablemente antes de accionar el botón PTT de transmisión y esperando una pausa en las comunicaciones de la red.

c) Ajustando el regulador Squelch al mínimo para saturar la frecuencia portadora y sobreponer su voz a la de otras dotaciones activas.

d) Transmitiendo tocando directamente la punta de la antena electromagnética para aumentar puntualmente la potencia a 50 vatios.

13. Una ambulancia medicalizada se dirige a un aviso en un núcleo urbano densamente edificado. Para asegurar una comunicación de radio sin cortes estructurales donde las ondas reboten en los edificios, ¿qué banda de frecuencia es la idónea en este entorno?

a) Banda HF (Alta Frecuencia), que utiliza la ionosfera como repetidor natural.

b) Banda VHF (Muy Alta Frecuencia), ideal por su propagación lineal sin obstáculos.

c) Banda UHF (Ultra Alta Frecuencia), óptima en áreas urbanas al usar los edificios como repetidores.

d) Banda microondas por encima de los 5000 MHz, que atraviesa el hormigón estructural.

14. Ante una emergencia médica domiciliaria, un familiar llama al número europeo de emergencias 112 desde su teléfono fijo. ¿A través de qué red de telecomunicaciones principal se realiza este contacto inicial ciudadano?

a) A través de la Red Privada Móvil PMR operando en Modo Semidúplex.

b) A través de la red digital SIRDEE configurada en Modo Trunking directo.

c) A través del sistema TETRA en modo de comunicación Directa DMO sin repetidores.

d) A través de la Red Telefónica Básica (RTB) con numeración abreviada y gratuita.

15. El Centro Coordinador de Urgencias (CCU) del SMS dispone de un sistema informático para gestionar los picos de llamadas entrantes por la Red Telefónica Básica y evitar saturaciones. ¿Qué sistema enruta secuencialmente estas llamadas hacia los operadores libres?

a) El Distribuidor Automático de Llamadas (ACD - Automatic Call Distributor).

b) El Controlador de Emplazamiento (TSC) de la red troncal de radiofrecuencia.

c) El Sistema de Radiocomunicaciones Digitales de Emergencia de la centralita TETRA. D

d) El circuito de filtrado CTCSS (Continuous ToneCoded Squelch System) de telefonía.

16. Durante una transmisión por radio en condiciones de mala propagación, el médico le solicita que deletree el nombre del principio activo "NALOXONA" al hospital receptor. Aplicando el Alfabeto Fonético Internacional (OACI), ¿cómo pronunciaría las primeras tres letras?

a) Norte - Alfa - Lima.
b) November - Alfa - Lima.
c) November - As - London.
d) Nevada - Alfa - Lázaro.

17. Finaliza el traslado de un paciente crítico en el hospital y la dota-ción se encuentra operativa nuevamente. Al pulsar el botón de comunicación del equipo móvil, ¿qué código de estado Q internacional utilizará para indicar al centro coordinador que se mantiene "a la escucha"?

a) QAP.
b) QTH.
c) QSL.
d) QRT.

18. Una UME es activada por el Centro Coordinador ante una emergencia con prioridad máxima (Prioridad A1). Según los objetivos de calidad asistencial del 061 del Servicio Murciano de Salud, ¿cuál debe ser el tiempo máximo de respuesta hasta su llegada al lugar?

a) Inferior a 8 minutos en áreas urbanas y 20 minutos en zonas periféricas rurales.
b) Inferior a 15 minutos desde su activación hasta su llegada al lugar de la asistencia.
c) Inferior a 30 minutos, coincidiendo con el tiempo límite para iniciar la fibrinolisis in situ.
d) No existe un umbral cronológico, priorizándose siempre la seguridad en la conducción sobre el tiempo.

19. El CCU le informa por radio: "Diríjanse al QTH del aviso, un accidente de tráfico". Al llegar al punto kilométrico exacto, usted se comunica con la sala para notificar su llegada efectiva al lugar del suceso. En el SMS, ¿qué clave operativa numérica indicaría este estado?

a) Clave 1.
b) Clave 2.
c) Clave 3.
d) Clave 4.

20. Durante un servicio de guardia estival continuo en el interior de una ambulancia inmovilizada al sol, el TES comienza a sufrir pérdida transitoria de consciencia por vasodilatación periférica excesiva y fallo en el retorno venoso. ¿Qué cuadro clínico derivado de las condiciones ambientales está sufriendo?

a) Un síncope por calor, agravado por el estrés térmico en ambientes cerrados no climatizados.

b) Una traumatización vicaria aguda provocada por la falta de ingesta hídrica.

c) Una crisis de agotamiento por fatiga acústica derivada de la exposición constante a sirenas.

d) Un cuadro de estrés postraumático secundario desencadenado por posturas estáticas forzadas.

En MADTEST tienes **más preguntas de este tema**, y todos tus avances quedan registrados y se reflejan en el ranking.

¡Supera tus límites con MADTEST!

Solución al test n.º 15

1. b) Una capacidad mínima total de 2000 litros presurizada a 200 bares, permitiendo flujos continuos de hasta 15 litros por minuto.

2. c) Registro de 12 derivaciones, capnografía, marcapasos transcutáneo y descargas de energía regulables entre 10 y 360 julios.

3. d) Un chaleco inmovilizador cérvicotorácico, tipo Ferno-Ked, combinado con la previa colocación de un collarín cervical.

4. b) Porque permite al profesional la inspección visual continua de la extremidad y la detección precoz de hemorragias activas.

5. a) El equipo de cricotiroidotomía, diseñado para realizar una punción de emergencia a través de la membrana cricotiroidea.

6. b) Espéculo vaginal, pinzas Kocher, pinzas de cordón umbilical, tijeras de corte, gasas, tallas estériles y bolsa para la placenta.

7. a) Broncodilatadores del sistema respiratorio e infusión de solución de Bicarbonato 1 molar o 1/6 molar de reposición.

8. b) La biodescontaminación hermética por Vapor de Peróxido de Hidrógeno (HPV) para la eliminación de patógenos y esporas.

9. b) A partir de cargas superiores a 3 kilos si las condiciones son desfavorables, con un límite general de 25 kg para hombres.

10. c) Transportando la carga de modo que no impida una sujeción segura en ningún momento y mirando directamente hacia los peldaños.

11. b) Un sistema de cierre y apertura que sea completamente operable desde el interior y señales luminosas exteriores de advertencia.

12. b) Escuchando invariablemente antes de accionar el botón PTT de transmisión y esperando una pausa en las comunicaciones de la red.

13. c) Banda UHF (Ultra Alta Frecuencia), óptima en áreas urbanas al usar los edificios como repetidores.

14. d) A través de la Red Telefónica Básica (RTB) con numeración abreviada y gratuita.

15. a) El Distribuidor Automático de Llamadas (ACD - Automatic Call Distributor).

16. b) November - Alfa - Lima.

17. a) QAP.

18. b) Inferior a 15 minutos desde su activación hasta su llegada al lugar de la asistencia.

19. c) Clave 3.

20. a) Un síncope por calor, agravado por el estrés térmico en ambientes cerrados no climatizados.

TEST N.º 16

Documentación sanitaria y administrativa en unidades de emergencias. Aspectos éticos-legales de la asistencia de emergencias

1. Durante la atención a una paciente mayor de edad con síndrome de Down en su domicilio, usted detecta que requiere traslado para sutura. Según la Ley 8/2021, ¿cómo debe referirse legalmente a su situación en el informe asistencial si cuenta con soporte judicial?

a) Paciente incapacitada judicialmente que precisa traslado para trata-miento.
b) Persona con capacidad modificada judicialmente con tutor legal pre-sente.
c) Persona con discapacidad con medidas de apoyo para el ejercicio de su capacidad jurídica.
d) Paciente sometida a patria potestad prorrogada debido a su merma cognitiva.

2. Usted se encuentra fuera de servicio paseando por la calle cuando presencia cómo un peatón sufre un atropello y queda inconsciente en la calzada. Nadie más le atiende. Si usted decide marcharse sin inter-venir ni avisar al 112, ¿en qué ilícito penal podría incurrir?

a) Delito de denegación de asistencia sanitaria, al ser usted profesional titulado.
b) Delito especial de abandono de los servicios sanitarios con resultado de lesiones.
c) Delito de abandono del lugar del accidente tipificado en la normati-va de tráfico.
d) Delito de omisión del deber de socorro, al estar la víctima desampa-rada y en peligro.

3. Al iniciar su guardia en la base, introduce su usuario en la tableta del vehícu-lo para reportar el stock de fungibles. El sistema transfiere automáticamente estos datos al almacén central mediante reglas lógicas preprogramadas. Esta tecnología se denomina:

a) Espacio Nacional de Datos Sanitarios Automatizados.
b) Automatización Robótica de Procesos (RPA).
c) Sistema de Información Geográfica Operativa.
d) Fast Healthcare Interoperability Resources.

4. Su unidad de Soporte Vital Básico es activada para un aviso. Al lle-gar al lugar exacto del incidente y contactar visualmente con el suceso, usted debe transmitir inmediatamente una clave de estado por su ter-minal TETRA. ¿Cuál es la correcta?

a) Clave 1 (Activación).
b) Clave 2 (Movilización).
c) Clave 3 (Llegada).
d) Clave 5 (Transferencia).

5. Acude a una reyerta con heridos por arma blanca. Al retirar la ropa ensangren-tada del paciente para valorar el tórax, usted debe preservar la cadena de custodia. ¿Cuál es la praxis obligatoria para el embalaje de esta prenda?

a) Introducirla en una bolsa de plástico transparente para facilitar su inspección visual por la policía.
b) Lavarla previamente con suero fisiológico y guardarla en un reci-piente hermético de plástico.
c) Embalarla de forma individual en una bolsa de papel o caja de cartón para evitar la putrefacción.
d) Agruparla junto con las prendas del presunto agresor en un mismo saco precintado.

6. Atiende a un varón de 45 años con dolor torácico que, en pleno uso de sus fa-cultades (Glasgow 15, orientado), se niega en rotundo a ser trasladado al hospital y adopta una actitud hostil, negándose a firmar el alta voluntaria. ¿Cómo procederá para eximirse de responsabilidad legal?

a) Solicitará a un familiar que firme en su nombre alegando incapacidad temporal del paciente.
b) Recabará inexcusablemente la firma e identificación de un testigo presente o de la policía en el informe.
c) Trasladará al paciente en contra de su voluntad amparándose en el riesgo inmedia-to grave para su vida.
d) Dejará el apartado de firmas en blanco y anotará verbalmente por emisora la inci-dencia al centro coordinador.

7. Durante un traslado interhospitalario, el paciente le solicita que eli-mine del sistema informático sus antecedentes psiquiátricos amparán-dose en el Reglamen-to General de Protección de Datos. ¿Es posible ejercer el derecho de supresión in-mediata en este caso clínico?

a) Sí, el derecho de supresión prevalece siempre sobre cualquier interés médico o legal.
b) Sí, siempre que el paciente firme un documento eximiendo de res-ponsabilidad al centro.
c) No, procede el bloqueo de datos, manteniéndolos a disposición ex-clusiva de jueces y tribunales.
d) No, pero el paciente puede alterar manualmente el registro si trae una orden notarial.

8. En el desarrollo de su jornada, la red de emergencias prehospitala-ria sufre un ciberataque tipo ransomware que expone los datos clínicos de su tableta. ¿En qué plazo máximo obligatorio debe la entidad noti-ficar esta brecha a la Agencia Española de Protección de Datos?

a) 24 horas.
b) 48 horas.
c) 72 horas.
d) 7 días hábiles.

9. Atiende a un paciente extranjero procedente de Francia que se en-cuentra de vacaciones en España y sufre un síncope. El facultativo accede telemáticamente a su historia clínica resumida (Patient Sum-mary) europea. Este acto se encuadra nor-mativamente dentro del:

a) Uso secundario del Espacio Europeo de Datos de Salud.
b) Uso primario del Espacio Europeo de Datos de Salud.
c) Sistema de Información Geográfica Transfronteriza.
d) Registro Nacional de Instrucciones Previas Comunitarias.

10. Usted llega al lugar de una colisión frontal entre dos turismos. Debe transmitir la información al centro coordinador mediante la emisora TETRA. ¿Qué beneficio operati-vo fundamental aporta esta tecnología frente a la telefonía comercial en emergencias?

a) Permite transmitir imágenes en formato 4K sin consumo de datos.
b) Carece de cifrado, facilitando que cualquier ciudadano escuche las alertas para apartarse.
c) Sustituye íntegramente al Sistema de Información Geográfica al no requerir posi-cionamiento GPS.
d) Opera bajo un modelo de auto-operador que garantiza la conexión aunque las redes públicas colapsen.

11. En una intervención, atiende a un paciente adulto con una hemo-rragia se-vera que profesa una religión que prohíbe las transfusiones. El paciente, consciente y orientado, rechaza el tratamiento vital. Usted respeta su decisión. ¿Qué principio bioético está aplicando por encima del resto en este caso concreto?

a) Principio de Justicia.
b) Principio de Autonomía.
c) Principio de Beneficencia.
d) Principio de No Maleficencia.

12. En la asistencia a un accidente con múltiples víctimas, los recursos son insufi-cientes. Usted clasifica a los pacientes (triaje) para atender primero a los que tienen mayores probabilidades de supervivencia, retrasando la asistencia de un paciente crítico irrecuperable. ¿Qué principio bioético justifica legalmente esta actuación?

a) Principio de Justicia.
b) Principio de Autonomía.

c) Principio de Consentimiento Informado.
d) Principio de Guarda de Hecho.

13. Atiende en un domicilio a un paciente terminal inconsciente. Los familiares le muestran un documento notarial donde el paciente exige la Limitación del Esfuerzo Terapéutico (LET). Este documento recibe el nombre técnico de:

a) Formulario de Actividad Asistencial.
b) Certificado de Curatela Representativa.
c) Documento de Instrucciones Previas o Voluntades Anticipadas.
d) Acta de Alta Voluntaria Diferida.

14. Durante una guardia, su compañero accede desde la tableta a la historia clínica de un personaje famoso que acaba de ingresar, sin te-ner relación asistencial con él, alegando "mera curiosidad". Según la LOPDGDD, esta acción se considera:

a) Una falta leve sin sanción económica si no difunde los datos a la prensa.
b) Una infracción muy grave sancionable económicamente por vulnera-ción de confidencialidad.
c) Una práctica permitida por el uso secundario de los datos de salud pública.
d) Un ejercicio válido del derecho de acceso reconocido en los dere-chos ARSULIPO.

15. Un paciente con discapacidad cognitiva leve sufre una caída en la calle. Para que comprenda la técnica de inmovilización que usted le va a aplicar, usted utiliza pictogramas y lenguaje adaptado. Legalmente, esta acción de facilitar la comprensión se denomina:

a) Proceso de incapacitación judicial temporal.
b) Aplicación de patria potestad prorrogada en vía pública.
c) Implementación de ajustes de procedimiento o ajustes razonables.
d) Tutela de emergencia prehospitalaria.

16. Un paciente fallece durante el traslado en la unidad móvil. Usted realiza el inventario de sus pertenencias (reloj, anillo, cartera). Al llegar al hospital, ¿qué acción documental es imprescindible para cerrar la cadena de custodia y eximirse de responsabilidad?

a) Entregar los objetos al guardia de seguridad verbalmente e irse rápi-damente.
b) Guardar los objetos en la base de la ambulancia hasta que los reclame un juez.
c) Recabar en el dorso del informe la filiación y firma del personal re-ceptor del hospital.
d) Enviar los objetos a la Policía Nacional mediante correo certificado en 48 horas.

17. Llega a una agresión donde la víctima presenta una herida por arma blanca en el tórax. La camiseta está intacta en la zona de acceso venoso, pero perforada en la herida. Para iniciar el soporte vital, usted debe:

a) Cortar la camiseta uniendo el desgarro del arma blanca para abrirla rápidamente.
b) Cortar la ropa exclusivamente por las costuras o zonas indemnes para no alterar la evidencia física.

c) Arrancar la prenda sin usar tijeras de corte para evitar micro-rayados periciales.

d) Dejar la camiseta puesta bajo cualquier circunstancia para preservar el escenario pericial.

18. Las unidades de emergencias (112, 061) son entidades críticas que manejan datos de categoría especial. Según el Esquema Nacional de Seguridad (ENS), sus plataformas informáticas deben cumplir obliga-toriamente con el nivel:

a) Nivel Básico, garantizando copias de seguridad semanales.

b) Nivel Medio, para asegurar la trazabilidad del kilometraje.

c) Nivel Alto, exigiendo disponibilidad 24/7/365 y cifrado de extremo a extremo.

d) Nivel Crítico-Militar, sin conexión permitida a redes civiles externas.

19. Tras finalizar un servicio, usted pulsa el estado operativo corres-pondiente en su terminal para indicar a la central que el paciente ha sido entregado en el hospital y la unidad requiere limpieza, quedando temporalmente no operativa. ¿Qué marca de trazabilidad horaria ge-nera esto en el formulario?

a) Clave 4 (Traslado).

b) Clave 5 (Transferencia).

c) Clave 0 (Operatividad plena).

d) Clave 2 (Movilización).

20. Al recabar el consentimiento de un paciente psiquiátrico agitado, su compañero le amenaza con atarlo a la fuerza si no colabora. Según el Código Deontológico del TES, ¿cómo debe proceder usted?

a) Ayudar a su compañero a aplicar la fuerza, primando la rapidez de la asistencia.

b) Ignorar la situación, ya que el secreto profesional prohíbe denunciar a un compañero.

c) Anotar en el informe que el paciente firmó de forma totalmente vo-luntaria para evitar conflictos.

d) Poner el hecho en conocimiento de las autoridades sanitarias y del colegio profesional urgentemente.

En MADTEST tienes **más preguntas de este tema**, y todos tus avances quedan registrados y se reflejan en el ranking.

¡Supera tus límites con MADTEST!

191

Solución al test n.º 16

1. c) Persona con discapacidad con medidas de apoyo para el ejer-cicio de su capacidad jurídica.

2. d) Delito de omisión del deber de socorro, al estar la víctima desamparada y en peligro.

3. b) Automatización Robótica de Procesos (RPA).

4. c) Clave 3 (Llegada).

5. c) Embalarla de forma individual en una bolsa de papel o caja de cartón para evitar la putrefacción.

6. b) Recabará inexcusablemente la firma e identificación de un testi-go presente o de la policía en el informe.

7. c) No, procede el bloqueo de datos, manteniéndolos a disposición exclusiva de jueces y tribunales.

8. c) 72 horas.

9. b) Uso primario del Espacio Europeo de Datos de Salud.

10. d) Opera bajo un modelo de auto-operador que garantiza la cone-xión, aunque las redes públicas colapsen.

11. b) Principio de Autonomía.

12. a) Principio de Justicia.

13. c) Documento de Instrucciones Previas o Voluntades Anticipadas.

14. b) Una infracción muy grave sancionable económicamente por vul-neración de confidencialidad.

15. c) Implementación de ajustes de procedimiento o ajustes razona-bles.

16. c) Recabar en el dorso del informe la filiación y firma del personal receptor del hospital.

17. b) Cortar la ropa exclusivamente por las costuras o zonas indemnes para no alterar la evidencia física.

18. c) Nivel Alto, exigiendo disponibilidad 24/7/365 y cifrado de ex-tremo a extremo.

19. b) Clave 5 (Transferencia).

20. d) Poner el hecho en conocimiento de las autoridades sanitarias y del colegio profesional urgentemente.

TEST N.º 17

Atención sanitaria inicial en situaciones de emergencia: signos de compromiso vital en situaciones de emergencia. Nociones básicas de primeros auxilios: soporte vital. Reanimación cardio-pulmonar básica. Ventilación. Urgencias traumátologicas, heridas, hemorragias, fracturas. Lesiones por calor y humo. Quemaduras. Picaduras y mordeduras. Colaboración con el personal sanitario en la atención al parto inminente. Conocimiento y manejo básico al neonato y su transporte en incubadora. Atención al enfermo psiquiátrico. Protocolos de actuación establecidos en los distintos tipos de emergencia

1. Durante la valoración inicial de un paciente de 65 años que refiere mareos, usted procede a la toma del pulso radial. Al palpar la arteria detecta que el ritmo es claramente arrítmico. ¿Cuál es el procedimiento técnico estandarizado que debe seguir a continuación?

a) Contabilizar las pulsaciones durante 15 segundos y multiplicar el resultado por cuatro para minimizar el tiempo de evaluación.

b) Prolongar la contabilización ininterrumpidamente durante 60 segundos completos y contrastar clínicamente con la toma del pulso apical.

c) Descartar la vía radial por su inexactitud y proceder directamente a la toma del pulso carotídeo durante 30 segundos.

d) Utilizar el dedo pulgar para ejercer una mayor presión sobre el canal del pulso y asegurar la onda pulsátil durante un minuto.

2. Acude al domicilio de un paciente diagnosticado de enfermedad pulmonar obstructiva crónica (EPOC) que presenta una reagudización respiratoria. Según los protocolos actualizados, ¿cuál es la diana terapéutica estricta de saturación de oxígeno que debe mantener durante la asistencia?

a) Entre el 94 % y el 98 %, aplicando oxígeno a alto flujo mediante mascarilla con reservorio.

b) Al 100 % en todo momento, dado que presenta insuficiencia respiratoria aguda.

c) Entre el 88 % y el 92 %, para evitar la supresión del estímulo hipóxico secundario a su retención crónica de dióxido de carbono.

d) Superior al 95 %, empleando cánula nasal a 2 litros por minuto de forma exclusiva.

3. Se encuentra en la escena de un accidente de tráfico de alta energía. Un ocupante yace inconsciente sobre la calzada presentando una amputación traumática a nivel del tercio medio del fémur derecho con sangrado pulsátil masivo. Siguiendo la secuencia estandarizada XABCDE, ¿cuál es su primera intervención?

a) Ejecutar la maniobra de tracción mandibular para asegurar el aislamiento de la vía aérea.

b) Colocar un collarín cervical rígido para garantizar la inmovilización espinal completa.

c) Aplicar de forma inmediata un torniquete circunferencial proximal a la herida para controlar la hemorragia exanguinante.

d) Canalizar dos vías venosas periféricas de grueso calibre para iniciar la infusión rápida de cristaloides.

4. Atiende a un paciente politraumatizado tras una precipitación desde seis metros de altura. Presenta signos clínicos de shock hemorrágico y sospecha fundada de traumatismo craneoencefálico grave (GCS 6). ¿Es correcto aplicar la estrategia de hipotensión permisiva en este caso?

a) Sí, se deben restringir los fluidos para mantener una tensión arterial media entre 60 y 65 mmHg y evitar el desprendimiento de coágulos.

b) No, la hipotensión permisiva está estrictamente contraindicada ante la sospecha de daño neurológico grave; se debe mantener una tensión arterial sistólica entre 100 y 110 mmHg.

c) Sí, el protocolo exige mantener al paciente en hipotensión siempre que exista un sangrado interno no controlable ortopédicamente.

d) No, se debe administrar volumen masivo ininterrumpido hasta alcanzar una tensión arterial sistólica fisiológica de 120 mmHg.

5. Evalúa a un conductor que ha sufrido una colisión por alcance a baja velocidad. El paciente deambula por la escena, presenta un nivel de consciencia totalmente preservado, niega dolor en la línea media espinal a la palpación anatómica, carece de déficit neurológico o signos de intoxicación y no presenta lesiones distractoras. ¿Cuál es la decisión clínica respecto a su inmovilización?

a) Instaurar el protocolo de inmovilización espinal selectiva descartando el uso rutinario del tablero espinal al cumplir todos los criterios excluyentes.

b) Colocar collarín cervical e inmovilizar en camilla de cuchara de forma preventiva por el mecanismo lesional.

c) Aplicar inmovilizador tetracameral tipo Dama de Elche de forma aislada durante el traslado al centro hospitalario.

d) Obligar al paciente a tumbarse en el suelo de forma inmediata hasta la llegada del Soporte Vital Avanzado.

6. Se encuentra fuera de servicio y presencia el colapso brusco de un adulto en la vía pública. Al acercarse y estimular sus hombros verbalmente, el paciente no responde. Siguiendo las directrices del European Resuscitation Council (ERC) de 2025, ¿cuál es el siguiente paso ineludible?

a) Comprobar la ventilación mediante la técnica de ver, oír y sentir durante un máximo de 10 segundos antes de solicitar ayuda.

b) Iniciar de forma fulminante 30 compresiones torácicas externas sin perder tiempo en valoraciones secundarias.

c) Alertar precozmente al 112 activando el modo manos libres de su dispositivo móvil bajo la premisa de llamar primero y actuar después.

d) Ejecutar la maniobra frente-mentón y administrar dos insuflaciones de rescate para revertir la hipoxia inicial.

7. Durante la evaluación de un deportista inconsciente mientras el teleoperador del centro coordinador (dispatcher) se encuentra en la línea telefónica, usted observa que el paciente presenta panting (jadeo atípico). ¿Qué significado clínico tiene este hallazgo según los protocolos actualizados?

a) Es un signo de recuperación de la circulación espontánea, por lo que debe colocar al paciente en posición lateral de seguridad.

b) Se considera un signo inequívoco de parada cardiorrespiratoria de origen troncoencefálico y exige el inicio inmediato de masaje cardíaco.

c) Indica una obstrucción parcial de la vía aérea superior, requiriendo la aplicación de golpes interescapulares.

d) Es un patrón respiratorio compensatorio normal tras el ejercicio físico extremo y solo requiere oxigenoterapia.

8. Usted y su compañero inician maniobras de Reanimación Cardiopulmonar básica sobre un paciente que presenta obesidad mórbida. ¿Qué consideración técnica especial dicta la evidencia científica de 2025 para este perfil clínico?

a) Modificar la relación universal a 15 compresiones y 2 ventilaciones para evitar la fatiga prematura del reanimador.

b) Colocar al paciente en decúbito lateral izquierdo para evitar la compresión aortocava generada por el tejido adiposo.

c) Aplicar la ratio estándar de 30:2 sin alteraciones técnicas, incrementando la fuerza de las compresiones para asegurar una profundidad normativa de 5 a 6 cm.

d) Suprimir las ventilaciones de rescate y ejecutar únicamente compresiones torácicas ininterrumpidas a un ritmo de 130 latidos por minuto.

9. Al llegar a la escena de una emergencia cardiorrespiratoria provisto de un Desfibrilador Externo Automatizado (DEA), usted procede a la colocación de los parches autoadhesivos en posición anterolateral. ¿Qué debe hacer su compañero durante esta maniobra?

a) Suspender el masaje cardíaco para evitar que los artefactos de movimiento interfieran en la lectura basal del dispositivo.

b) Continuar con las compresiones torácicas de forma ininterrumpida mientras usted adhiere los parches al tórax del paciente.

c) Comprobar el pulso carotídeo central para verificar si el paciente ha recuperado la circulación espontánea.

d) Iniciar el aislamiento avanzado de la vía aérea mediante intubación endotraqueal.

10. Atiende a un adulto consciente que sufre una obstrucción severa de la vía aérea por cuerpo extraño (OVACE) en un restaurante. El paciente no puede toser ni hablar. Según las actualizaciones de los algoritmos de desobstrucción, ¿cómo debe proceder?

a) Ejecutar la maniobra de Heimlich de forma ininterrumpida hasta lograr la desobstrucción o la inconsciencia del paciente.

b) Administrar exclusivamente golpes fuertes en la espalda manteniendo al paciente en posición erguida.

c) Alternar sistemáticamente 5 golpes interescapulares con 5 compresiones abdominales, equiparando la secuencia a la directriz pediátrica.

d) Tumbar al paciente en decúbito supino e iniciar compresiones torácicas externas de inmediato.

11. Como Técnico en Emergencias Sanitarias, presencia la parada cardiorrespiratoria asfíctica de un niño de 6 años al encontrarse solo fuera de servicio. Al aplicar el Soporte Vital Básico en pediatría, ¿cuál es la pauta de inicio protocolizada?

a) Iniciar 30 compresiones torácicas inmediatas, ya que la fibrilación ventricular es la causa primaria más frecuente.

b) Abrir la vía aérea y administrar 5 insuflaciones iniciales de rescate antes de comprobar los signos de circulación.

c) Llamar al 112 y esperar a la llegada del equipo avanzado sin intervenir para evitar lesiones iatrogénicas en la parrilla costal.

d) Realizar la técnica de los dos pulgares rodeando el tórax aplicando una relación de 15 compresiones y 1 ventilación.

12. Durante la evaluación hemodinámica inicial de un paciente pediátrico catalogado clínicamente como lactante (menor de 1 año), ¿cuál es la vía anatómica de elección para la comprobación del pulso central?

a) La arteria carótida, localizada en la cara anterior del cuello.

b) La arteria radial, situada en la región topográfica del canal del pulso.

c) La arteria femoral, ubicada en el triángulo de Scarpa de la extremidad inferior.
d) La arteria braquial, palpable en la cara interna del brazo.

13. Interviene en la reanimación de una mujer gestante en su tercer trimestre de embarazo que ha sufrido una parada cardíaca. Para optimizar el retorno venoso y mejorar el gasto cardíaco artificial, ¿qué maniobra de soporte fundamental debe aplicar un interviniente adicional?

a) Realizar una elevación pasiva de las extremidades inferiores a 45 grados.
b) Comprimir enérgicamente el fondo uterino en dirección descendente.
c) Ejecutar el desplazamiento uterino manual hacia el lado izquierdo de la paciente de forma continua.
d) Elevar el hemicuerpo derecho de la paciente utilizando una cuña de 30 grados deteniendo temporalmente las compresiones.

14. El equipo de Soporte Vital Avanzado ha logrado aislar la vía aérea de un paciente en parada cardiorrespiratoria mediante intubación endotraqueal. A partir de este momento, ¿cómo se coordinan las compresiones torácicas y las ventilaciones?

a) Se mantienen ciclos de 30 compresiones y 2 ventilaciones, deteniendo el masaje para cada insuflación.
b) Se administran compresiones torácicas ininterrumpidas a un ritmo de 100-120 latidos por minuto junto a 10 ventilaciones por minuto de forma asíncrona.
c) Se reduce la frecuencia de compresiones a 80 por minuto y se hiperventila al paciente con 20 insuflaciones por minuto.
d) Las ventilaciones se sincronizan de tal forma que se administra una insuflación exacta cada 15 compresiones torácicas sin realizar pausas.

15. Un paciente que sufrió un cuadro sincopal de origen vasovagal se encuentra actualmente inconsciente, pero respira con normalidad y mantiene un ritmo vascular regular. ¿En qué postura debe colocarlo para proteger su vía aérea hasta la llegada del equipo médico?

a) En posición de Fowler, sentando al paciente a 90 grados para mejorar el descenso diafragmático.
b) En decúbito supino con las piernas elevadas en posición de Trendelenburg modificado.
c) En la Posición Lateral de Seguridad (PLS), garantizando la alineación cervical y la permeabilidad orofaríngea frente a posibles vómitos.
d) En posición genupectoral para facilitar el aflujo sanguíneo cerebral inmediato.

16. Durante la asistencia a un herido por arma blanca, usted observa una salida masiva de sangre de color rojo brillante que emana a borbotones, coincidiendo rítmicamente con el latido cardíaco. ¿A qué estructura anatómica corresponde este sangrado?

a) A un vaso capilar superficial, indicando una hemorragia de baja gravedad.
b) A un vaso venoso profundo, reflejando el retorno circulatorio al corazón.

c) A una hemorragia parenquimatosa secundaria a la laceración de órganos sólidos.

d) A un vaso arterial, constituyendo una hemorragia exanguinante de extrema urgencia.

17. Ante un paciente con un sangrado catastrófico en la extremidad superior derecha secundario a un accidente laboral, usted procede a la colocación de un torniquete tipo C-A-T. Una vez ceñida la banda y detenido el sangrado activo de forma objetiva, ¿qué acción es obligatoria?

a) Aflojar el molinete de compresión cada 15 minutos para permitir la reperfusión distal y evitar la necrosis tisular.

b) Registrar de forma visible y permanente la hora exacta de colocación directamente sobre el dispositivo o en una zona anatómica visible.

c) Retirar el dispositivo tan pronto como llegue la ambulancia y sustituirlo por un apósito hemostático de compresión directa.

d) Colocar un segundo torniquete distal a la herida para asegurar el cese del retorno venoso de la extremidad afectada.

18. Atiende a una víctima de accidente de tráfico que presenta sangrado activo masivo en la zona de unión de la ingle, anatómicamente inviable para la colocación de un torniquete circunferencial. ¿Cuál es el abordaje terapéutico de elección en el ámbito prehospitalario?

a) El empaquetamiento hemostático de la herida introduciendo gasas profundamente y aplicando presión manual sostenida durante al menos 3 minutos.

b) La aplicación de pinzas hemostáticas quirúrgicas para intentar pinzar la arteria femoral a ciegas.

c) La realización de un torniquete abdominal a nivel umbilical para colapsar la aorta descendente.

d) La elevación extrema del miembro inferior manteniéndolo inmovilizado y cubierto con un paño estéril sin ejercer presión.

19. Tras la colisión frontal de un turismo, el conductor presenta dolor pélvico agudo, crepitación ósea a la palpación e inestabilidad hemodinámica manifiesta. Ante la sospecha de fractura de pelvis, ¿cuál es la actuación indicada?

a) Realizar tracción mecánica prolongada de ambos miembros inferiores simultáneamente.

b) Inmovilizar la estructura mediante la colocación de una faja pélvica circunferencial a la altura de los trocánteres mayores para reducir el volumen intrapélvico.

c) Ejecutar la maniobra de compresión bimanual de las crestas ilíacas repetidamente durante el traslado para comprobar la estabilidad ósea.

d) Colocar al paciente en decúbito lateral para facilitar el drenaje de un posible hematoma retroperitoneal.

20. Se enfrenta a una emergencia por quemaduras térmicas de segundo grado que afectan a la extremidad superior de un trabajador de hostelería. Según los protocolos actualizados, ¿cuál es la medida inmediata para limitar el daño tisular profundo?

a) Aplicar hielo directo sobre la lesión para conseguir una vasoconstricción ultrarrápida.

b) Enfriar la zona afectada aplicando agua a temperatura ambiente (entre 15 y 20 °C) durante un periodo de 10 a 20 minutos ininterrumpidos.

c) Reventar profilácticamente las flictenas o ampollas para aplicar povidona yodada en el lecho de la herida y prevenir la sepsis.

d) Cubrir la quemadura de forma oclusiva con pomada antibiótica sin realizar ningún tipo de lavado o enfriamiento previo.

En MADTEST tienes **más preguntas de este tema**, y todos tus avances quedan registrados y se reflejan en el ranking.

¡Supera tus límites con MADTEST!

Solución al test n.º 17

1. b) Prolongar la contabilización ininterrumpidamente durante 60 segundos completos y contrastar clínicamente con la toma del pulso apical.

2. c) Entre el 88 % y el 92 %, para evitar la supresión del estímulo hi-póxico secundario a su retención crónica de dióxido de carbono.

3. c) Aplicar de forma inmediata un torniquete circunferencial proxi-mal a la herida para controlar la hemorragia exanguinante.

4. b) No, la hipotensión permisiva está estrictamente contraindicada ante la sospe-cha de daño neurológico grave; se debe mantener una tensión arterial sistólica entre 100 y 110 mmHg.

5. a) Instaurar el protocolo de inmovilización espinal selectiva descar-tando el uso rutinario del tablero espinal al cumplir todos los crite-rios excluyentes.

6. c) Alertar precozmente al 112 activando el modo manos libres de su dispositivo móvil bajo la premisa de llamar primero y actuar después.

7. b) Se considera un signo inequívoco de parada cardiorrespiratoria de origen tron-coencefálico y exige el inicio inmediato de masaje cardíaco.

8. c) Aplicar la ratio estándar de 30:2 sin alteraciones técnicas, incre-mentando la fuerza de las compresiones para asegurar una profun-didad normativa de 5 a 6 cm.

9. b) Continuar con las compresiones torácicas de forma ininterrum-pida mientras usted adhiere los parches al tórax del paciente.

10. c) Alternar sistemáticamente 5 golpes interescapulares con 5 com-presiones ab-dominales, equiparando la secuencia a la directriz pe-diátrica.

11. b) Abrir la vía aérea y administrar 5 insuflaciones iniciales de rescate antes de com-probar los signos de circulación.

12. d) La arteria braquial, palpable en la cara interna del brazo.

13. c) Ejecutar el desplazamiento uterino manual hacia el lado izquierdo de la paciente de forma continua.

14. b) Se administran compresiones torácicas ininterrumpidas a un ritmo de 100-120 latidos por minuto junto a 10 ventilaciones por minuto de forma asíncrona.

15. c) En la Posición Lateral de Seguridad (PLS), garantizando la alineación cervical y la permeabilidad orofaríngea frente a posibles vómitos.

16. d) A un vaso arterial, constituyendo una hemorragia exanguinante de extrema urgencia.

17. b) Registrar de forma visible y permanente la hora exacta de colocación directamente sobre el dispositivo o en una zona anatómica visible.

18. a) El empaquetamiento hemostático de la herida introduciendo gasas profundamente y aplicando presión manual sostenida durante al menos 3 minutos.

19. b) Inmovilizar la estructura mediante la colocación de una faja pélvica circunferencial a la altura de los trocánteres mayores para reducir el volumen intrapélvico.

20. b) Enfriar la zona afectada aplicando agua a temperatura ambiente (entre 15 y 20 °C) durante un periodo de 10 a 20 minutos ininte rrumpidos.

TEST N.º 18

Asistencia especial en emergencias. Apoyo al soporte vital avanzado: asistencia con el personal facultativo y de enfermería y sistemática de actuación en emergencias prehospitalarias

1. Durante la atención a un varón de 55 años que sufre un colapso súbito en la vía pública frente a la dotación de la ambulancia, usted debe registrar el evento en el informe clínico. Según los criterios estandarizados del estilo Utstein, ¿cómo se clasifica este suceso para su posterior análisis epidemiológico?

a) Parada cardíaca no presenciada, ya que no se encontraba bajo monitorización electrocardiográfica previa en el momento del colapso.

b) Parada cardíaca presenciada por personal de emergencias, al formar parte de un sistema de respuesta oficial y ocurrir frente a la dotación.

c) Parada cardíaca presenciada por testigo presencial, al no estar el paciente ingresado en el interior de un centro hospitalario.

d) Parada cardíaca de etiología traumática, por el posible golpe craneal sufrido al desplomarse contra el suelo de forma brusca.

2. Tras 15 minutos de maniobras de resucitación, el paciente muestra movimientos de deglución y el monitor indica un ritmo sinusal. Usted palpa el pulso carotídeo y lo percibe fuerte y rítmico. En el registro Utstein, ¿qué hito clínico acaba de objetivar de manera instrumental y semiológica?

a) Recuperación de la Ventilación Espontánea (REVE), confirmada por los movimientos de deglución del paciente.

b) Finalización del suceso, ya que se ha instaurado un ritmo sinusal estable en el monitor desfibrilador.

c) Supervivencia al alta, al recuperar signos de vida evidentes en el entorno prehospitalario antes del traslado.

d) Recuperación de la Circulación Espontánea (RECE), confirmada clínicamente por la palpación de un pulso central.

3. Usted imparte una charla sobre los "Sistemas que salvan vidas" basada en las Guías del ERC 2025. Al explicar la cadena de supervivencia del adulto, ¿qué eslabón debe destacar como aquel rediseñado para enfatizar la restauración de la calidad de vida y el soporte psicosocial?

a) El primer eslabón: Reconocimiento precoz y petición de ayuda.
b) El segundo eslabón: RCP y desfibrilación precoces.
c) El tercer eslabón: Cuidados avanzados y posresucitación.
d) El cuarto eslabón: Supervivencia y recuperación.

4. Valora a un paciente de 70 años con EPOC exacerbado en su domicilio. Presenta riesgo de insuficiencia respiratoria hipercápnica. Al aplicar la escala de alerta temprana recomendada para el seguimiento del deterioro clínico (NEWS-2), ¿qué ajuste técnico debe realizar?

a) Omitir la medición de la frecuencia respiratoria, ya que estará crónicamente alterada.
b) Utilizar la escala dual ajustada de saturación de oxígeno ($SpO2$) específica para este tipo de pacientes.
c) Sustituir la medición de la presión arterial sistólica por la presión arterial media.
d) Reemplazar la escala rápida AVDN por la Escala de Coma de Glasgow completa.

5. Acude a una escuela infantil para atender a un niño de 3 años con dificultad respiratoria. Al aplicar el Triángulo de Evaluación Pediátrica (TEP) desde la puerta del aula, antes de tocar al paciente, ¿qué tres lados fisiológicos evaluará de forma exclusivamente visual y auditiva?

a) Apariencia, trabajo respiratorio y circulación cutánea.
b) Nivel de consciencia, frecuencia cardíaca y frecuencia respiratoria.
c) Tono muscular, saturación de oxígeno por pulsioximetría y coloración.
d) Reactividad pupilar, esfuerzo respiratorio y temperatura corporal.

6. Su unidad SVA es despachada a un polígono industrial por un escape de un agente químico líquido (incidente NBQ). A su llegada, ¿en qué área debe posicionar la ambulancia y establecer el Puesto de Asistencia Sanitaria para estabilizar a las víctimas ya descontaminadas?

a) En la zona roja (de impacto), utilizando equipos de respiración autónoma.
b) En la zona amarilla (templada), junto al nido de heridos primario.
c) En la zona verde (fría o segura), libre de contaminación.
d) En la interfase entre la zona roja y amarilla para agilizar la evacuación.

7. Durante el traslado de un paciente con sospecha de enfermedad respiratoria altamente infecciosa, el facultativo decide que es imprescindible realizar una intubación endotraqueal. Como TES de apoyo, ¿qué nivel de protección respiratoria debe utilizar obligatoriamente ante este procedimiento?

a) Mascarilla quirúrgica, ya que el paciente no presenta tos activa.
b) Mascarilla FFP1, complementada con gafas de montura universal.
c) Mascarilla FFP2, al ser el estándar universal de transporte en la cabina asistencial.
d) Mascarilla FFP3, al tratarse de un procedimiento generador de aerosoles.

8. En la valoración inicial extrahospitalaria de un paciente que ha sufrido un atrapamiento en maquinaria agrícola, observa una amputación traumática del miembro inferior derecho con sangrado arterial masivo. Según la sistemática XAB-CDE (PHTLS), ¿cuál es su primera intervención clínica?

a) Abrir la vía aérea mediante tracción mandibular para garantizar la oxigenación (A).
b) Aplicar oxigenoterapia a alto flujo con mascarilla con reservorio (B).
c) Aplicar de inmediato un torniquete proximal para ocluir el flujo arterial (X).
d) Canalizar dos vías venosas periféricas de grueso calibre para fluidoterapia (C).

9. Valora a un paciente precipitado desde 4 metros de altura que se encuentra inconsciente. Para garantizar la permeabilidad de la vía aérea (paso A) cumpliendo los principios de protección medular, ¿qué técnica instrumental o manual aplicará de primera elección?

a) Maniobra de frentementón con hiperextensión cervical.
b) Tracción mandibular (elevación de la mandíbula sin extensión del cuello).
c) Inserción inmediata de un tubo laríngeo sin estabilización manual previa.
d) Flexión forzada del cuello para alinear los ejes faríngeo y laríngeo.

10. Durante la valoración neurológica (letra D) de un paciente que ha sufrido un traumatismo craneoencefálico, objetiva que abre los ojos exclusivamente ante el estímulo doloroso, emite sonidos incomprensibles y presenta una flexión anormal (decorticación). ¿Qué puntuación le otorga en la Escala de Coma de Glasgow (GCS) y qué actitud clínica procede?

a) GCS 7; requiere aislamiento definitivo de la vía aérea mediante intubación.
b) GCS 9; requiere oxigenoterapia de alto flujo y observación continua.
c) GCS 6; requiere canalización intraósea inmediata por shock neurogénico.
d) GCS 8; no requiere manejo avanzado de la vía aérea si satura por encima del 95%.

11. En el interrogatorio clínico (anamnesis dirigida) a los familiares de un paciente con bajo nivel de consciencia que va a requerir intubación inmediata, usted utiliza la regla mnemotécnica AMPLIA. ¿Qué dato extraído de la letra "L" es crítico comunicar al equipo para anticipar complicaciones?

a) El lugar exacto donde el paciente sufrió el colapso.
b) La hora de la última ingesta de líquidos o sólidos.
c) Las lesiones previas detectadas en la exploración física.
d) La liberación de esfínteres observada en el domicilio.

12. Como TES en una unidad SVA, el médico le solicita colocar un sensor para medir la presión parcial de dióxido de carbono exhalado ($EtCO_2$) tras intubar a un paciente en PCR. Según el ERC 2025, ¿cuál es la doble función clínica obligatoria de este dispositivo en este escenario?

a) Descartar la isquemia miocárdica silente y medir la frecuencia cardíaca real.
b) Confirmar la intubación esofágica y guiar la administración de adrenalina.

c) Medir la saturación de oxihemoglobina tisular y detectar la acidosis metabólica severa.

d) Confirmar la correcta colocación del tubo traqueal y evaluar la eficacia hemodinámica de las compresiones torácicas.

13. Durante la RCP instrumentalizada de un varón de 60 años, el monitor-desfibrilador muestra un patrón de Fibrilación Ventricular (FV). Siguiendo el algoritmo universal del ERC 2025, ¿cuál es la intervención terapéutica prioritaria de Soporte Vital Avanzado en este momento?

a) Administrar 1 mg de adrenalina intravenosa de forma inmediata.

b) Ejecutar una descarga eléctrica (desfibrilación) con la energía estandarizada.

c) Administrar 300 mg de amiodarona seguidos de un bolo de suero fisiológico.

d) Realizar una intubación endotraqueal antes de aplicar cualquier terapia eléctrica.

14. El equipo de SVA asiste a una mujer en parada cardíaca. Al monitorizarla, se observa una línea isoeléctrica (Asistolia). Tras confirmar la correcta colocación de los electrodos, ¿qué intervención farmacológica es el factor determinante para la supervivencia en este ritmo no desfibrilable?

a) La infusión rápida de suero salino frío para inducir hipotermia.

b) La administración precoz y lo antes posible de 1 mg de adrenalina IV/IO.

c) La administración de un choque eléctrico ciego a máxima energía.

d) La administración profiláctica de 150 mg de amiodarona.

15. Su dotación asiste a un lactante de 10 meses en parada cardiorrespiratoria por ahogamiento en una bañera. Según el algoritmo de soporte vital pediátrico, ¿cuál es la primera maniobra que el equipo debe ejecutar antes del masaje cardíaco?

a) Administrar 5 ventilaciones de rescate.

b) Aplicar una descarga eléctrica a 4 J/kg.

c) Iniciar compresiones torácicas a un ritmo de 15:2.

d) Canalizar un acceso intraóseo tibial inmediato.

16. Durante una laringoscopia complicada en el interior de la ambulancia, el médico le solicita que mejore la exposición visual de la glotis. Como TES, ¿qué maniobra física externa aplicará sobre la anatomía del paciente?

a) Maniobra de Heimlich con compresiones abdominales rápidas.

b) Tracción del tubo traqueal mediante el uso de un fiador semirrígido.

c) Maniobra de BURP, desplazando el cartílago tiroides hacia atrás, arriba y a la derecha.

d) Hiperextensión forzada de la columna cervical retirando el collarín.

17. Ante la imposibilidad de canalizar una vía venosa periférica en un paciente adulto en shock hipovolémico severo, el médico decide emplear un acceso intraóseo (IO). ¿Qué localización anatómica preparará usted por ofrecer tiempos de llegada del fármaco al corazón (3 segundos) casi idénticos a una vía central?

a) La porción distal del fémur.

b) El maléolo interno de la tibia.

c) La diáfisis del radio.

d) La porción proximal del húmero (cabeza humeral).

18. Se preparan para realizar una cardioversión eléctrica sincronizada a un paciente con taquicardia inestable. Al ir a colocar los parches autoadhesivos, observa que el paciente es portador de un parche transdérmico de nitroglicerina en la zona pectoral derecha. ¿Qué medida de bioseguridad debe aplicar de inmediato?

a) Colocar el parche de desfibrilación directamente sobre el parche de medicación para asegurar el contacto.

b) Retirar el parche de medicación y limpiar la zona para evitar quemaduras por el material conductor del mismo.

c) Aumentar la energía de la descarga en 50 Julios para contrarrestar la resistencia del parche transdérmico.

d) Realizar la cardioversión sin modificaciones, ya que la nitroglicerina facilita la conducción eléctrica.

19. El médico le indica posicionar los parches de desfibrilación en la posición estándar anterolateral (esternón-ápex). ¿Cuál es la ubicación anatómica estricta para garantizar la máxima densidad de corriente transmiocárdica?

a) Parche esternal en la línea axilar media izquierda y parche apical bajo la escápula derecha.

b) Parche esternal en la región infraclavicular derecha y parche apical en la región anterolateral izquierda (5º espacio intercostal).

c) Parche esternal en el epigastrio y parche apical en la fosa supraclavicular derecha.

d) Ambos parches en el hemitórax izquierdo, separados por al menos 10 centímetros.

20. Durante un traslado interhospitalario crítico que requiere RCP en curso, deciden instalar un dispositivo de compresión torácica mecánica. Según las Guías ERC 2025, ¿cuál de las siguientes afirmaciones sobre su uso es correcta?

a) Su uso debe ser rutinario en todas las paradas cardíacas extrahospitalarias.

b) La pausa en las compresiones manuales durante su montaje y acoplamiento nunca debe exceder los 5 segundos.

c) Una vez activado, no es necesario vigilar la capnografía de onda.

d) El pistón debe colocarse en la mitad superior del esternón para maximizar el gasto cardíaco.

En MADTEST tienes **más preguntas de este tema**, y todos tus avances quedan registrados y se reflejan en el ranking.

¡Supera tus límites con MADTEST!

Solución al test n.º 18

1. b) Parada cardíaca presenciada por personal de emergencias, al formar parte de un sistema de respuesta oficial y ocurrir frente a la dotación.

2. d) Recuperación de la Circulación Espontánea (RECE), confirmada clínicamente por la palpación de un pulso central.

3. d) El cuarto eslabón: Supervivencia y recuperación.

4. b) Utilizar la escala dual ajustada de saturación de oxígeno (SpO2) específica para este tipo de pacientes.

5. a) Apariencia, trabajo respiratorio y circulación cutánea.

6. c) En la zona verde (fría o segura), libre de contaminación.

7. d) Mascarilla FFP3, al tratarse de un procedimiento generador de aerosoles.

8. c) Aplicar de inmediato un torniquete proximal para ocluir el flujo arterial (X).

9. b) Tracción mandibular (elevación de la mandíbula sin extensión del cuello).

10. a) GCS 7; requiere aislamiento definitivo de la vía aérea mediante intubación.

11. b) La hora de la última ingesta de líquidos o sólidos.

12. d) Confirmar la correcta colocación del tubo traqueal y evaluar la eficacia hemodinámica de las compresiones torácicas.

13. b) Ejecutar una descarga eléctrica (desfibrilación) con la energía estandarizada.

14. b) La administración precoz y lo antes posible de 1 mg de adrenalina IV/IO.

15. a) Administrar 5 ventilaciones de rescate.

16. c) Maniobra de BURP, desplazando el cartílago tiroides hacia atrás, arriba y a la derecha.

17. d) La porción proximal del húmero (cabeza humeral).

18. b) Retirar el parche de medicación y limpiar la zona para evitar quemaduras por el material conductor del mismo.

19. b) Parche esternal en la región infraclavicular derecha y parche apical en la región anterolateral izquierda (5º espacio intercostal).

20. b) La pausa en las compresiones manuales durante su montaje y acoplamiento nunca debe exceder los 5 segundos.

TEST N.º 19

Atención a situaciones de emergencia con múltiples víctimas y catástrofes: concepto y manejo básico. Coordinación con otros profesionales que intervienen en las emergencias sanitarias y catástrofes

1. Llega con su Unidad Médica de Emergencias (UME) a una colisión múltiple con decenas de heridos y vehículos inestables. Como Técnico en Emergencias Sanitarias (TES), ¿cuál debe ser su primera acción táctica para controlar el escenario?

a) Iniciar inmediatamente las maniobras de reanimación cardiopulmonar en las víctimas inconscientes.

b) Balizar el perímetro, asegurar la zona de intervención y ubicar la ambulancia en un área protegida.

c) Trasladar a los pacientes que presenten hemorragias exanguinantes al centro hospitalario de referencia.

d) Distribuir analgésicos de manera preventiva a los pacientes que se encuentren atrapados en los vehículos.

2. Le designan organizar el Puesto Médico Avanzado (PMA) en el lugar de un atentado. Para garantizar la seguridad del equipo sanitario y la eficacia del triaje, ¿en qué sector topográfico debe instalar esta estructura?

a) En el centro del área de salvamento para reducir el tiempo de traslado físico de los heridos graves.

b) En el área de base, junto a los recursos logísticos y el Puesto de Mando Avanzado de bomberos.

c) En el área de socorro, zona de transición libre de peligro inminente y con acceso a las rutas de evacuación.

d) En el interior del Centro Médico de Evacuación para optimizar los recursos quirúrgicos desplegados.

213

3. Un paciente acaba de ser extraído del área de salvamento y llevado a su sector. Usted se encuentra trabajando en el Centro Médico de Evacuación (CME). ¿Cuál es la función operativa principal de su puesto?

a) Realizar el rescate y descarcelación de los heridos atrapados bajo los escombros de las estructuras.

b) Emitir avisos a la población civil sobre las medidas de confinamiento mediante equipos de megafonía.

c) Actuar como amortiguador para evitar el colapso de los PMA y el aflujo masivo de víctimas a los hospitales.

d) Custodiar los efectos personales de las víctimas mortales hasta la llegada del Grupo Forense y de Policía Científica.

4. Ante una alerta meteorológica extrema en la Región de Murcia (INUNMUR), su equipo participa en el despliegue preventivo de recursos y delimitación de áreas inundables. ¿En qué fase del ciclo de desastres está interviniendo?

a) En la fase de respuesta, garantizando la extracción inmediata de los afectados.

b) En la fase de preparación, organizando las acciones ante la presencia inminente del peligro.

c) En la fase de rehabilitación, asegurando el retorno a la normalidad de los servicios básicos.

d) En la fase de reconstrucción, ejecutando obras ingenieriles para evitar futuras riadas.

5. Ocurre una deflagración en un complejo de refinado de hidrocarburos con escape de gases tóxicos. Según la clasificación etiológica de las crisis, ¿ante qué tipo de catástrofe se encuentra el equipo sanitario?

a) Una catástrofe de origen natural agravada por factores humanos.

b) Una catástrofe sociológica por concentración masiva de trabajadores.

c) Una catástrofe de comportamiento social con implicaciones bélicas.

d) Una catástrofe de tipo tecnológico vinculada a riesgos industriales.

6. Al asumir el rol de Responsable de Evacuación en un PMA, debe establecer el flujo de las ambulancias en el área de carga. ¿Cómo debe diseñar topográficamente este circuito?

a) Mediante un circuito bidireccional cerrado que permita el retorno de los vehículos por la misma vía.

b) Mediante una noria de evacuación continua, unidireccional y sin bloqueos para la entrada y salida.

c) Organizando un aparcamiento en batería donde las unidades esperen instrucciones del médico regulador.

d) Habilitando el acceso exclusivo a las Unidades Médicas de Emergencias y rechazando las convencionales.

7. Inicia el algoritmo de triaje START en un descarrilamiento. A viva voz, ordena que los afectados que puedan caminar se dirijan a una zona delimitada. Un joven con el brazo fracturado acude caminando hacia usted. ¿Qué categoría le asigna?

a) Tarjeta Roja, por existir riesgo de shock neurogénico inminente.
b) Tarjeta Amarilla, ya que requiere inmovilización ortopédica urgente.
c) Tarjeta Verde, considerándose urgencia diferible sin riesgo vital a corto plazo.
d) Tarjeta Negra, al no requerir maniobras de soporte vital avanzado in situ.

8. Valora a una mujer atrapada bajo un muro que no obedece la orden de caminar. Al evaluar su vía aérea, constata apnea. Tras realizar la maniobra frentementón, la paciente sigue sin presentar esfuerzo respiratorio. ¿Cuál es su decisión clínica?

a) Asignar Tarjeta Roja e iniciar ventilación con presión positiva inmediatamente.
b) Asignar Tarjeta Negra al considerarse paciente fallecida o con urgencia sobrepasada.
c) Asignar Tarjeta Amarilla y solicitar apoyo médico para una intubación endotraqueal.
d) Mantener la apertura de la vía aérea durante dos minutos antes de tomar una decisión.

9. Encuentra a un varón tendido en el suelo que no deambula. Al evaluar la ventilación, constata que respira a una frecuencia de 36 respiraciones por minuto. Según el modelo START, ¿qué prioridad de evacuación le corresponde?

a) Prioridad P-1 (Tarjeta Roja) por alteración severa de la frecuencia respiratoria.
b) Prioridad P-2 (Tarjeta Amarilla) por requerir oxigenoterapia suplementaria de alto flujo.
c) Prioridad P-3 (Tarjeta Verde) al mantener ventilación espontánea y pulso radial.
d) Prioridad P-4 (Tarjeta Azul) debido a la inminencia de la parada cardiorrespiratoria.

10. Un herido no camina, respira a 18 rpm y presenta un relleno capilar de 4 segundos. ¿Qué clasificación cromática y nivel de prioridad le otorga el triaje START?

a) Tarjeta Amarilla (Prioridad 2).
b) Tarjeta Verde (Prioridad 3).
c) Tarjeta Roja (Prioridad 1).
d) Tarjeta Negra (Prioridad 4).

11. Víctima de 30 años que no deambula. Su frecuencia respiratoria es de 20 rpm y el pulso radial es rítmico y palpable. Al pedirle que cierre los ojos y toque su nariz, obedece sin dificultad. ¿Qué tarjeta le coloca en su brazo?

a) Amarilla, ya que no tiene riesgo vital inminente pero no puede caminar.
b) Verde, dado que su estado neurológico y hemodinámico son completamente normales.
c) Roja, puesto que la incapacidad para caminar indica un daño medular oculto.
d) Negra, debido a la falta de respuesta motora adecuada en miembros inferiores.

12. Joven politraumatizado. No camina, respira a 22 rpm y el relleno capilar es de 1 segundo. Al preguntarle su nombre, balbucea sonidos incomprensibles y no es capaz de seguir órdenes sencillas. ¿Qué color le asigna?

a) Amarillo, pues mantiene la vía aérea permeable y una adecuada perfusión periférica.
b) Verde, al tratarse de una reacción psicológica de estrés postraumático leve.
c) Rojo, debido a la alteración evidente del nivel de conciencia y riesgo vital.
d) Azul, al presentar daño cerebral agudo incompatible con la recuperación.

13. Durante el primer barrido de triaje START, localiza a un varón con una amputación traumática en el miembro inferior y hemorragia pulsátil exanguinante. ¿Cuál es su obligación inmediata antes de colocarle la etiqueta?

a) Continuar evaluando al resto de víctimas para no demorar más de 60 segundos el triaje general.
b) Aplicar una maniobra salvadora inmediata mediante la colocación de un torniquete táctico.
c) Trasladar físicamente al paciente hacia la zona quirúrgica del Puesto Médico Avanzado.
d) Canalizar una vía intraósea para reponer volumen y prevenir el shock hipovolémico.

14. Un paciente ha sido clasificado con Tarjeta Amarilla en el área de salvamento y trasladado al PMA. ¿Qué indica esta clasificación respecto a su plazo terapéutico?

a) Requiere estabilización quirúrgica en los primeros 10 minutos para evitar el fallecimiento.
b) Es un paciente irrecuperable que solo debe recibir medidas paliativas y analgesia de confort.
c) Precisa cuidados mínimos in situ, pero su traslado puede diferirse con seguridad algunas horas.
d) No requiere asistencia sanitaria y puede ser enviado a su domicilio por sus propios medios.

15. ¿Qué parámetro clínico vital NO se encuentra incluido en el algoritmo de decisión del modelo START clásico?

a) La comprobación de la permeabilidad de la vía aérea.
b) La medición de la tensión arterial sistólica y diastólica.
c) La evaluación cualitativa de la perfusión hemodinámica.
d) La respuesta motora ante órdenes neurológicas sencillas.

16. Acude al Servicio de Urgencias del Hospital Virgen de la Arrixaca, donde se utiliza el Sistema de Triaje Manchester (MTS). ¿En qué estructura operativa se fundamenta este sistema hospitalario?

a) En cuatro parámetros vitales exclusivos aplicados en menos de 60 segundos por paciente.
b) En 52 motivos de consulta estandarizados con diagramas de flujo de respuesta dicotómica.

c) En la evaluación de la cinemática del trauma y el protocolo XABCDE del paciente crítico.

d) En la disponibilidad de camas de hospitalización y el orden estricto de llegada a la puerta.

17. Según la actualización normativa para el Sistema Manchester (MTS), un paciente que recibe el código Naranja (Nivel 2) debe ser atendido por el facultativo en un tiempo máximo de:

a) 0 minutos, requiriendo reanimación inmediata en el box de críticos.

b) 10 - 15 minutos, al englobar cuadros de inestabilidad fisiológica o dolor intenso.

c) 60 minutos, aplicable a pacientes con patologías graves pero estables.

d) 120 minutos, constituyendo urgencias menores sin compromiso vital.

18. Aplica la Lista Manchester Adaptada (LMA) a un paciente que presenta hipotensión asintomática. El discriminador arroja un "Problema reciente". ¿Qué nivel y color le asigna el sistema?

a) Nivel 2, color Naranja.

b) Nivel 3, color Amarillo.

c) Nivel 4, color Verde.

d) Nivel 5, color Azul.

19. El Sistema de Triaje Manchester utiliza una serie de discriminadores generales aplicables a todas las patologías. ¿Cuáles son estos elementos transversales?

a) Edad del paciente, sexo, antecedentes quirúrgicos, alergias medicamentosas y peso.

b) Riesgo vital, dolor, hemorragia, nivel de consciencia, temperatura y agudeza (tiempo).

c) Deambulación, frecuencia respiratoria, relleno capilar, respuesta verbal y apertura ocular.

d) Saturación de oxígeno, glucemia capilar, trazado electrocardiográfico y reactividad pupilar.

20. Dentro de la operatividad del Grupo Sanitario en Murcia, ¿qué profesional asume funcionalmente la responsabilidad de la recepción, acogida y asignación del nivel de prioridad mediante el MTS en el hospital?

a) El Médico Especialista en Medicina Familiar y Comunitaria.

b) El Técnico en Cuidados Auxiliares de Enfermería (TCAE).

c) El Celador adscrito a la puerta principal de Urgencias.

d) El Personal de Enfermería con formación específica.

En MADTEST tienes **más preguntas de este tema**, y todos tus avances quedan registrados y se reflejan en el ranking.

¡Supera tus límites con MADTEST!

Solución al test n.º 19

1. b) Balizar el perímetro, asegurar la zona de intervención y ubicar la ambulancia en un área protegida.

2. c) En el área de socorro, zona de transición libre de peligro inminente y con acceso a las rutas de evacuación.

3. c) Actuar como amortiguador para evitar el colapso de los PMA y el aflujo masivo de víctimas a los hospitales.

4. b) En la fase de preparación, organizando las acciones ante la presencia inminente del peligro.

5. d) Una catástrofe de tipo tecnológico vinculada a riesgos industriales.

6. b) Mediante una noria de evacuación continua, unidireccional y sin bloqueos para la entrada y salida.

7. c) Tarjeta Verde, considerándose urgencia diferible sin riesgo vital a corto plazo.

8. b) Asignar Tarjeta Negra al considerarse paciente fallecida o con urgencia sobrepasada.

9. a) Prioridad P-1 (Tarjeta Roja) por alteración severa de la frecuencia respiratoria.

10. c) Tarjeta Roja (Prioridad 1).

11. a) Amarilla, ya que no tiene riesgo vital inminente pero no puede caminar.

12. c) Rojo, debido a la alteración evidente del nivel de conciencia y riesgo vital.

13. b) Aplicar una maniobra salvadora inmediata mediante la colocación de un torniquete táctico.

14. c) Precisa cuidados mínimos in situ, pero su traslado puede diferirse con seguridad algunas horas.

15. b) La medición de la tensión arterial sistólica y diastólica.

16. b) En 52 motivos de consulta estandarizados con diagramas de flujo de respuesta dicotómica.

17. b) 10 - 15 minutos, al englobar cuadros de inestabilidad fisiológica o dolor intenso.

18. c) Nivel 4, color Verde.

19. b) Riesgo vital, dolor, hemorragia, nivel de consciencia, temperatura y agudeza (tiempo).

20. d) El Personal de Enfermería con formación específica.

TEST N.º 20

Evacuación y traslado de enfermos. Fisiopatología del trasporte sanitario. Procedimientos de movilización e inmovilización de pacientes en situaciones de emergencia. Transferencia del enfermo de emergencias

1. Durante el traslado urgente de un paciente de 45 años con un Traumatismo Craneoencefálico (TCE) severo, un vehículo civil se cruza en su trayectoria obligándole a realizar un frenazo brusco (deceleración). Fisiopatológicamente, ¿qué efecto letal inmediato puede desencadenar esta maniobra en su paciente?

a) El desplazamiento de la sangre hacia las extremidades inferiores, provocando un cuadro de shock hipovolémico agudo y taquicardia.

b) Un aumento súbito del retorno venoso hacia el compartimento cefálico, elevando peligrosamente la Presión Intracraneal (PIC).

c) Una reducción drástica de la presión transdiafragmática que incrementará el volumen tidal pulmonar de forma descontrolada.

d) La aparición de fuerzas de cizallamiento lateral que agravarán las lesiones pélvicas por la inercia transversal.

2. Asiste a un motorista politraumatizado con sospecha de hemorragia interna activa. Durante la ruta hacia el hospital útil, el asfalto presenta múltiples irregularidades. Sabiendo que las vibraciones de la ambulancia oscilan entre 4 y 16 Hz, ¿cuál es el principal riesgo clínico para este paciente?

a) El efecto de resonancia, que amplifica el movimiento de las vísceras e induce roturas microvasculares, agravando el sangrado.

b) La hipertermia maligna, derivada de la fricción del chasis que se transmite directamente a la camilla asistencial.

c) La compresión inercial de las vísceras abdominales en sentido caudal, liberando el músculo diafragma y provocando hiperventilación.

d) La descompresión de los gases albergados en la cámara gástrica, generando barotrauma pulmonar.

3. Traslada en una unidad de Soporte Vital Avanzado a un paciente psiquiátrico que sufre una crisis de agitación severa. El tráfico es denso y usted se plantea activar las señales acústicas (sirena). Según los principios de la fisiopatología del transporte, ¿qué debe tener en cuenta?

a) El ruido de la sirena (70-80 decibelios) es inocuo y debe usarse siempre por protocolo para acortar los tiempos de llegada al hospital.

b) Su uso generará un impacto exclusivo sobre la audición del TES, pero la insonorización de la cabina asistencial protege al paciente.

c) Las intensidades sonoras inducen alteraciones del sistema nervioso vegetativo, provocando descargas adrenérgicas, taquicardia y mayor agitación.

d) El uso de la sirena está totalmente contraindicado en cualquier servicio urbano a partir del año 2026 debido a la nueva normativa de emisiones.

4. Su equipo HEMS (Helicóptero Medicalizado) va a evacuar a un paciente intubado tras un accidente de tráfico. Antes del despegue, el enfermero le solicita que compruebe el balón de neumotaponamiento (cuff) del tubo endotraqueal. ¿Cómo debe estar preparado para evitar lesiones iatrogénicas en vuelo?

a) Debe estar inflado con aire a una presión de 30 mmHg para asegurar el sellado ante los cambios de presión barométrica.

b) Debe rellenarse exclusivamente con suero fisiológico, evitando así la expansión gaseosa traqueal dictada por la Ley de Boyle-Mariotte.

c) Debe desinflarse completamente durante el ascenso y volver a inflarse con aire una vez alcanzada la altitud de crucero.

d) Debe rellenarse con una mezcla de oxígeno y helio para compensar la hipoxia de altitud generada por la Ley de Dalton.

5. El 14 de enero de 2026, su ambulancia sufre una avería mecánica grave quedando inmovilizada en el arcén de una autovía durante la noche. Según la normativa vigente, ¿qué dispositivo es el único legalmente válido y obligatorio para señalizar su posición?

a) Los triángulos de preseñalización de peligro colocados a 50 metros por delante y por detrás del vehículo.

b) La baliza luminosa V16 conectada, que transmite automáticamente la geolocalización de la ambulancia a la plataforma DGT 3.0.

c) Exclusivamente los rotativos prioritarios de color azul de la propia ambulancia, al tratarse de un vehículo de emergencias.

d) La señal V-1 luminosa en combinación con el encendido de las luces de emergencia (warning) del vehículo portador.

6. Se aproxima con su UME (Unidad Medicalizada de Emergencias) a un cruce urbano regulado por un semáforo en fase roja, circulando con rotativos y sirena activados. Según el Reglamento de Circulación, ¿cuál debe ser su proceder exacto?

a) Mantener la velocidad constante ya que el uso simultáneo de señales acústicas y luminosas le otorga prioridad de paso absoluta.

b) Reducir drásticamente la velocidad, cerciorarse visualmente de que los demás usuarios le ceden el paso y cruzar bajo su estricta responsabilidad.

c) Detener el vehículo por completo hasta que el semáforo cambie a fase verde, ya que las ambulancias no tienen exención en intersecciones semafóricas.

d) Apagar la señal acústica para no asustar a los conductores transversales e irrumpir en el cruce acelerando para salir de la zona de riesgo.

7. El 10 de octubre de 2026, su empresa le realiza una inspección de control administrativo rutinaria. Atendiendo a la Ley de Movilidad Sostenible, ¿cómo debe acreditar la legalidad de los trayectos y la custodia de los pacientes trasladados en su turno?

a) Mediante la entrega de las hojas de ruta físicas debidamente cumplimentadas y selladas en papel autocopiativo.

b) A través de la validación del Documento de Control Digital o carta de porte electrónica (eCMR) gestionada en su dispositivo móvil.

c) Presentando el ticket impreso emitido por el tacógrafo inteligente G2V2 al finalizar la jornada laboral.

d) Únicamente mediante la validación verbal comunicada por la emisora de radio al Centro Coordinador.

8. Conduce una ambulancia de Soporte Vital Básico con una Masa Máxima Autorizada (MMA) de 3.200 kg realizando un traslado transfronterizo en agosto de 2026. Una patrulla de autoridades le realiza una inspección telemática en movimiento mediante tecnología DSRC. ¿Qué dispositivo permite esta fiscalización remota de su fatiga y tiempos de conducción?

a) La baliza V16 conectada a la nube de la Dirección General de Tráfico.

b) La tableta rugerizada integrada en la Historia Clínica Digital del SNS.

c) El sistema de navegación GPS convencional del vehículo sanitario.

d) El tacógrafo inteligente de segunda generación (G2V2) obligatorio.

9. Entrega a un paciente con un Síndrome Coronario Agudo en el box de reanimación del hospital. Usted relata el caso al personal de enfermería y procede a marcharse para estar operativo. Legalmente, ¿en qué momento exacto finaliza su responsabilidad sobre la custodia de este paciente?

a) En el instante en el que la camilla de la ambulancia atraviesa físicamente las puertas del servicio de urgencias hospitalario.

b) Al finalizar su exposición verbal estructurada utilizando el modelo IMISTAMBO o IDEAS.

c) En el momento imperativo en el que el profesional receptor firma y acepta documentalmente el informe de asistencia, asumiendo el caso.

d) A los 15 minutos de la llegada al hospital, tiempo estipulado por ley para la transferencia tácita de la responsabilidad clínica.

10. Las directrices de calidad asistencial (Joint Commission) revelan que una gran cantidad de eventos centinela ocurren durante el traspaso de pacientes. ¿Qué factor constituye la principal causa raíz (incidiendo en un 65-70%) de la muerte o secuelas graves en esta fase?

a) El retraso derivado de los atascos de tráfico en el entorno urbano.

b) El déficit comunicativo por una transferencia inexacta, improvisada o ausente de retroalimentación (feed-back).

c) Las alteraciones fisiopatológicas inducidas por la aceleración transversal en las rotondas de acceso al hospital.

d) El fallo mecánico de las camillas de transporte en el momento de la transferencia a la cama hospitalaria.

11. Durante una transferencia clínica interdisciplinar, usted utiliza el modelo internacional SBAR. Al llegar a la letra "A" (Evaluación/Assessment), ¿qué datos clínicos exactos debe proporcionar al médico receptor?

a) Su propia identificación personal, la identificación de la unidad y el motivo principal de la llamada o traslado.

b) Las alergias conocidas del paciente, su medicación habitual y las intervenciones quirúrgicas relevantes.

c) Los valores numéricos de las constantes vitales, la Escala de Coma de Glasgow (GCS) y la respuesta fisiológica a los tratamientos administrados.

d) Las solicitudes de acciones inmediatas, como la activación de la sala de hemodinámica o la preparación del quirófano.

12. En el entorno hospitalario, la OMS recomienda el protocolo ISOBAR por incorporar una barrera de seguridad crítica en su última letra "R" (Confirmación/Read-back). ¿En qué consiste exactamente esta acción operativa?

a) El emisor debe leer la historia clínica del paciente desde el principio para asegurar que no ha omitido datos.

b) El equipo receptor está obligado a repetir en voz alta la información clave recibida, para que el emisor verifique su total comprensión.

c) El TES debe registrar todos los datos verbales en la tableta rugerizada antes de abandonar la sala.

d) El facultativo receptor debe recomendar una acción terapéutica y el emisor debe ejecutarla antes de retirarse.

13. Atiende a un varón precipitado desde un andamio. Al llegar al hospital, emplea el modelo IMIST-AMBO para realizar el "handover". ¿Por qué la evidencia científica prioriza este modelo frente al SBAR en el ámbito extrahospitalario?

a) Porque omite deliberadamente los antecedentes del paciente, ahorrando tiempo en el área de urgencias.

b) Porque prioriza los datos vitales inmediatos (Mecanismo lesional, Lesiones y Signos vitales) frente a la historia médica de fondo.

c) Porque es el único protocolo que no requiere la firma legal del receptor para dar por finalizada la asistencia.

d) Porque incluye una valoración psicosocial extensa antes de detallar los tratamientos administrados en la ambulancia.

14. Usted atiende a un Código Ictus en un domicilio rural. Gracias a la Estrategia de Salud Digital 2026, el neurólogo del hospital ya visualiza las constantes y el informe clínico antes de que usted inicie el traslado. ¿Qué herramienta tecnológica garantiza esta trazabilidad e integración en tiempo real?

a) La transmisión de voz codificada a través de la emisora analógica de la red TETRA.
b) El volcado telemático de biometría mediante dispositivos móviles rugerizados integrados en la Historia Clínica Digital del SNS.
c) El envío de correos electrónicos desde el teléfono personal del TES al mostrador de admisión de urgencias.
d) El sistema de balizas V16 que emite datos clínicos cifrados a los paneles informativos de las autopistas.

15. En el modelo estándar promovido por la SEMES para la transferencia clínica (IDEAS), la letra "A" obliga al equipo prehospitalario a informar ordenadamente sobre:

a) Los Antecedentes médicos relevantes, alergias y medicación crónica.
b) Las Actuaciones y maniobras terapéuticas aplicadas cronológicamente durante la evacuación.
c) La Apreciación personal del TES sobre el estatus social y familiar del accidentado.
d) El Análisis de los tiempos de respuesta desde la activación del recurso hasta la llegada a la escena.

16. Durante un vuelo de traslado interhospitalario (FWAA), la presión atmosférica en cabina desciende. Si su paciente es portador de una sonda nasogástrica cerrada, ¿qué complicación fisiopatológica inmediata preverá en base a la ley de expansión de los gases?

a) La contracción del estómago, favoreciendo episodios de hipo agudo y alcalosis metabólica.
b) La expansión del gas intraabdominal, produciendo distensión gástrica severa y elevación diafragmática restrictiva.
c) El colapso de las asas intestinales, generando un íleo paralítico irreversible por isquemia.
d) Una disolución del gas en el torrente sanguíneo, originando un cuadro clínico de enfermedad por descompresión.

17. Un paciente con insuficiencia respiratoria severa viaja en su ambulancia. Para facilitar la expansión de la caja torácica y el descenso del diafragma por gravedad, ¿cuál es la posición de traslado de elección?

a) Decúbito prono con la cabeza ladeada.
b) Posición de Trendelenburg con elevación de las extremidades inferiores a 45 grados.
c) Decúbito supino con el tronco incorporado (Posición de Fowler o semi-Fowler).
d) Posición Lateral de Seguridad (PLS) estricta sobre el costado derecho.

18. La ergonomía y biomecánica en 2026 introduce los exoesqueletos de asistencia lumbar (tipo ExoRescue) para los TES. Durante una extricación compleja, ¿cuál es el objetivo biomecánico de este equipo modular de 5 kg?

a) Inmovilizar la columna del propio técnico para impedir cualquier movimiento de flexoextensión durante el turno.

b) Transmitir el peso gravitatorio del paciente o del material directamente hacia el suelo, aliviando la fatiga muscular de la espalda.

c) Sustituir el uso del colchón de vacío colocando el módulo sobre la espalda del accidentado.

d) Emitir impulsos eléctricos transcutáneos al técnico para mantener la alerta y evitar el sueño durante los traslados nocturnos.

19. Debe rescatar a una víctima inconsciente del interior de un turismo que comienza a arder (peligro inminente). Al aplicar la maniobra de Rautek para su extracción rápida, ¿qué agarre anatómico es indispensable para asegurar el eje cervical del paciente?

a) Sujetar a la víctima por el cinturón del pantalón y el cuello de la camisa traccionando verticalmente.

b) Pasar los brazos bajo las axilas de la víctima, agarrando ambas muñecas del paciente y apoyando su cabeza en nuestro hombro.

c) Sujetar con una mano un antebrazo de la víctima y aplicar con la mano libre una presa de sujeción fuerte sobre su mandíbula o mentón.

d) Envolver el cuello de la víctima con una toalla y tirar de ella desde el exterior del habitáculo.

20. Debe evacuar a un anciano con un edema agudo de pulmón que reside en un quinto piso sin ascensor. La escalera de caracol es extremadamente angosta y presenta giros pronunciados. ¿Qué dispositivo de movilización es la indicación absoluta en este escenario?

a) El tablero espinal largo, para asegurar la verticalidad del paciente.

b) La camilla de lona o la silla de evacuación con patín (Evachair), debido a la barrera arquitectónica y tratarse de una patología médica.

c) La camilla de cuchara telescópica, ajustada a la altura máxima del paciente.

d) El colchón de vacío, compactado previamente en el domicilio para bajar al paciente en decúbito supino.

En MADTEST tienes **más preguntas de este tema**, y todos tus avances quedan registrados y se reflejan en el ranking.

¡Supera tus límites con MADTEST!

Solución al test n.º 20

1. b) Un aumento súbito del retorno venoso hacia el compartimento cefálico, elevando peligrosamente la Presión Intracraneal (PIC).

2. a) El efecto de resonancia, que amplifica el movimiento de las vísceras e induce roturas microvasculares, agravando el sangrado.

3. c) Las intensidades sonoras inducen alteraciones del sistema nervioso vegetativo, provocando descargas adrenérgicas, taquicardia y mayor agitación.

4. b) Debe rellenarse exclusivamente con suero fisiológico, evitando así la expansión gaseosa traqueal dictada por la Ley de Boyle-Mariotte.

5. b) La baliza luminosa V16 conectada, que transmite automáticamente la geolocalización de la ambulancia a la plataforma DGT 3.0.

6. b) Reducir drásticamente la velocidad, cerciorarse visualmente de que los demás usuarios le ceden el paso y cruzar bajo su estricta responsabilidad.

7. b) A través de la validación del Documento de Control Digital o carta de porte electrónica (eCMR) gestionada en su dispositivo móvil.

8. d) El tacógrafo inteligente de segunda generación (G2V2) obligatorio.

9. c) En el momento imperativo en el que el profesional receptor firma y acepta documentalmente el informe de asistencia, asumiendo el caso.

10. b) El déficit comunicativo por una transferencia inexacta, improvisada o ausente de retroalimentación (feedback).

11. c) Los valores numéricos de las constantes vitales, la Escala de Coma de Glasgow (GCS) y la respuesta fisiológica a los tratamientos administrados.

12. b) El equipo receptor está obligado a repetir en voz alta la información clave recibida, para que el emisor verifique su total comprensión.

13. b) Porque prioriza los datos vitales inmediatos (Mecanismo lesional, Lesiones y Signos vitales) frente a la historia médica de fondo.

14. b) El volcado telemático de biometría mediante dispositivos móviles rugerizados integrados en la Historia Clínica Digital del SNS.

15. b) Las Actuaciones y maniobras terapéuticas aplicadas cronológicamente durante la evacuación.

16. b) La expansión del gas intraabdominal, produciendo distensión gástrica severa y elevación diafragmática restrictiva.

17. c) Decúbito supino con el tronco incorporado (Posición de Fowler o semiFowler).

18. b) Transmitir el peso gravitatorio del paciente o del material directamente hacia el suelo, aliviando la fatiga muscular de la espalda.

19. c) Sujetar con una mano un antebrazo de la víctima y aplicar con la mano libre una presa de sujeción fuerte sobre su mandíbula o mentón.

20. b) La camilla de lona o la silla de evacuación con patín (Evachair), debido a la barrera arquitectónica y tratarse de una patología médica.

TEST N.º 21

Habilidades de comunicación. Técnicas de apoyo psicológico en situaciones de emergencia y desastre. Habilidades básicas para la primera relación de ayuda

1. Al llegar a un domicilio, encuentra a un paciente anciano muy agi-tado. Usted se acerca a él, se sitúa a unos 30 centímetros de su rostro y comienza a hablarle en voz alta para que le preste atención. El paciente se agita aún más. Según las zonas de distancia personal, ¿qué error principal ha cometido?

a) Ha invadido su zona íntima, reservada solo para personas muy cercanas emocional-mente, generando sensación de amenaza.

b) Ha utilizado un código no lingüístico visual inadecuado para la edad del paciente en la fase de contacto.

c) Ha entrado en la zona pública del paciente sin pedir permiso previo a los familiares presentes en la sala.

d) Ha mantenido una zona social excesivamente distante, lo que provoca desconfianza y aislamiento en el paciente anciano.

2. Durante un traslado en la ambulancia, el paciente le dice: "Tengo mucho mie-do, creo que no voy a salir de esta". Usted le responde: "Lo que me está diciendo es que la situación le asusta y teme por su recuperación, ¿es así?". ¿Qué técnica de comunicación está empleando principalmente?

a) La técnica del disco rayado para evitar que el paciente siga hablando del tema y se ponga más nervioso.

b) El uso de facilitadores no verbales para cortar la conversación de raíz y mantener la objetividad.

c) La retroalimentación mediante la reformulación para comprobar su comprensión del mensaje emitido.

d) La imposición de una actitud paternalista para calmar inmediatamente la ansiedad del paciente grave.

3. Atiende a un paciente extranjero que no habla bien el idioma y, además, usted utiliza términos médicos muy técnicos para explicarle el procedimiento de inmovilización. El paciente asiente, pero se le nota confundido. En el proceso de comunicación, ¿dónde se ha producido el fallo principal?

a) En la retroalimentación, ya que el paciente no quiere colaborar con el equipo sanitario.

b) En la descodificación, ya que el mensaje no ha sido codificado acorde al nivel cognitivo y léxico del destino.

c) En el canal, debido a la existencia de un ruido físico que impide la correcta transmisión de las ondas acústicas.

d) En la fuente, porque el paciente no ha emitido el mensaje inicial con la fluidez verbal adecuada.

4. Un compañero de guardia siempre asume las tareas de limpieza de la ambulancia porque otro técnico se lo pide con exigencias y comentarios humillantes como "tú eres el nuevo, así que te toca, a ver si espabilas". El compañero nuevo nunca dice que no para evitar problemas. ¿Qué estilo de comunicación está utilizando el técnico nuevo?

a) Estilo pasivo, ya que apacigua a los demás evitando conflictos a toda costa, renunciando a sus propios derechos.

b) Estilo agresivo indirecto, porque espera el momento adecuado para vengarse de su compañero.

c) Estilo asertivo, puesto que demuestra una gran capacidad de escucha activa y empatía hacia los veteranos.

d) Estilo socialmente hábil, porque antepone las necesidades del servicio a las disputas personales en la base.

5. En una asistencia por accidente de tráfico, un familiar le grita exigiéndole que traslade a la víctima a un hospital privado específico, lo cual va en contra del protocolo de coordinación. Usted responde con voz relajada, fluida y directa, explicando la normativa sin ofenderle, pero manteniéndose firme en su postura. ¿Qué tipo de respuesta está ofreciendo?

a) Una aceptación asertiva o aserción positiva.

b) Una oposición asertiva o aserción negativa.

c) Una comunicación horizontal de carácter participativo.

d) Un comportamiento pasivo-agresivo para dominar la situación.

6. Durante la fase de recepción o contacto con un paciente politraumatizado, usted nota que este cruza los brazos fuertemente y se encoge cada vez que usted intenta explicarle lo que le va a hacer. Según el lenguaje no verbal, esta postura indica:

a) Interés genuino por el mensaje que está recibiendo del equipo sanitario.

b) Sinceridad e inocencia ante las preguntas que se le están formulando.

c) Tensión, actitud a la defensiva o que la situación le asusta y no está a gusto.

d) Relajación extrema debido al estado de shock hipovolémico que padece.

7. Un técnico en emergencias sanitarias atiende a una mujer mayor que vive sola y ha sufrido una caída. El técnico le dice: "No se preocupe, abuela, yo sé perfectamente lo que le conviene. Usted siéntese ahí y déjeme a mí tomar todas las decisiones". Según el uso del poder en la relación de ayuda, ¿qué estilo está aplicando?

a) Estilo democrático-cooperativo.
b) Estilo autoritario.
a)) Estilo paternalista.
c) Estilo participativo-empático.

8. Para demostrar empatía a un paciente durante una crisis de ansiedad en su domicilio, usted adapta sus propios gestos y postura al mensaje que le está transmitiendo el enfermo, mostrando sincronía con él. Esta técnica no verbal se denomina:

a) Contacto ocular directo e intimidatorio.
b) Actitud facial y corporal especular.
c) Embotamiento de la reactividad general.
d) Reducción de la distancia a la zona íntima.

9. Al hablar por la emisora con el Centro Coordinador, su compañero habla tan rápido (ritmo) y con un volumen tan alto (intensidad) que desde la central le piden que repita el mensaje porque denota excesivo nerviosismo. Estos elementos de la voz que acompañan a las palabras conforman:

a) El código lingüístico gestual.
b) El paralenguaje.
c) El ruido psíquico.
d) La interferencia semiótica.

10. En un equipo de emergencias, los miembros asumen la responsabilidad del trabajo en conjunto, resuelven los conflictos por medio de la confrontación productiva y ven el trabajo colectivo como una oportunidad. Estas características definen a:

a) Un grupo de trabajo informal de interés.
b) Un equipo de trabajo.
c) Un grupo de trabajo formal y temporal.
d) Una agrupación de individualización en fase de declive.

11. Está atendiendo a un paciente con sospecha de infarto. Para facilitar que se exprese, usted asiente con la cabeza y emite verbalizaciones cortas como "ya veo", "sí, le entiendo", sin interrumpir su discurso. ¿Qué objetivo busca con esta acción dentro de la escucha activa?

a) Evaluar el nivel cultural del paciente para adaptar los tecnicismos.
b) Reforzar al interlocutor para que se sienta escuchado y continúe su discurso.
c) Separar a la persona del problema para iniciar un proceso de negociación.
d) Mostrar oposición asertiva ante posibles quejas sobre el tiempo de respuesta.

12. En la base de ambulancias, surge un conflicto sobre los turnos de vacaciones. Usted se sienta con su compañero para llegar a un acuerdo. Lo primero que hace es tratar a su compañero con sensibilidad y empatía, pero se mantiene muy firme respecto a su necesidad de tener libres unos días concretos para cuidar a su hijo. ¿Qué elemento de la negociación está aplicando correctamente?

a) Separar persona-proceso-problema.
b) La búsqueda de soluciones mediante el "brainstorming".
c) La aserción positiva para evitar ceder en cualquier aspecto.
d) La técnica del riesgo para eliminar los temores del compañero.

13. Llega a un domicilio donde un joven ha sufrido una sobredosis. La madre, llorando, le pregunta si su hijo se va a curar y no volverá a consumir. Usted le responde: "Todo va a salir bien, no se preocupe por nada, seguro que esta es la última vez". ¿Qué error grave de comunicación está cometiendo en esta fase intermedia?

a) Hacer un juicio de valor sobre el comportamiento del joven.
b) Utilizar términos de alto contenido emocional.
c) Dar falsas seguridades que transmiten inseguridad y deseo de no ser molestado.
d) Fomentar la reactividad entre las intervenciones de ambos interlocutores.

14. Tras sufrir un accidente leve, el paciente, al ser ingresado en el hospital, acata todo lo que le dicen los profesionales sin rechistar, mostrando una obediencia total y anulando sus propias decisiones. ¿Qué tipo de rol desviante está asumiendo este paciente frente a la enfermedad?

a) De forma agresiva.
b) De forma apática.
c) De forma sumisa.
d) De forma integrada.

15. Su compañero de unidad no quiere atender a un paciente en situación de exclusión social porque opina que "esos pacientes siempre traen problemas y no merecen nuestro tiempo". Usted sabe que la actitud es una disposición estable, ¿qué componente de la actitud está primando en el prejuicio (idea/creencia) de su compañero?

a) El componente afectivo.
b) El componente cognoscitivo.
c) El componente conductual.
d) El componente mimético.

16. Ante la aparición de una catástrofe por riadas, se advierte por radio a una población para que desaloje sus casas. Sin embargo, muchos ciudadanos minimizan el riesgo, se resisten a admitir las señales precursoras y se niegan a marcharse alegando que "el agua nunca ha llegado hasta aquí". ¿En qué fase del periodo de la catástrofe se encuentran?

a) Fase de interacción del periodo crítico.
b) Fase previa del periodo precrítico.

c) Fase de choque del periodo de crisis.
d) Periodo poscrítico de inmunidad.

17. Un Técnico en Emergencias Sanitarias atiende a una paciente que acaba de perder su hogar en un terremoto. La paciente no para de llorar y dice que está enfadada con los equipos de rescate porque tardaron mucho. El técnico le permite expresarse sin criticarla, entendiendo que el enfado es una reacción normal. Este principio de atención psicológica se denomina:

a) Proporcionar apoyo y contención.
b) Intervención psicológica de segunda instancia.
c) Diagnóstico de la traumatización vicaria.
d) Aplicación de la técnica de Biofeedback.

18. Tras el impacto de un accidente ferroviario, usted observa a un grupo de supervivientes que emergen de los vagones y caminan hacia la periferia en silencio, sin rumbo fijo, aturdidos y sin poder pensar con claridad para buscar sus documentos. ¿Qué tipo de comportamiento están manifestando?

a) Reacción de pánico colectivo.
b) Reacción conmoción-inhibición-estupor.
c) Comportamiento adaptado de salvaguardia.
d) Éxodo centrípeto con liderazgo falso.

19. Si durante la prestación de Primeros Auxilios Psicológicos (PAP) en un atentado, usted aplica métodos breves, fáciles de entender para las víctimas y que no requieren un proceso terapéutico largo, ¿qué principio de los PAP está respetando?

a) Inmediatez.
b) Proximidad.
c) Simplicidad.
d) Expectativas.

20. Tras un incendio forestal que arrasa una aldea, un hombre pasa los días en el albergue quejándose de continuos dolores de estómago, náuseas y fuertes cefaleas, aunque la evaluación médica no muestra daños físicos. Según la psicología de catástrofes, estos síntomas somáticos son manifestación de:

a) Una reacción psicótica breve.
b) Un cuadro de tensión por el esfuerzo mental para sobrevivir a la situación.
c) Una actitud expansiva con verborrea.
d) Un cuadro de estupor catatónico.

En MADTEST tienes **más preguntas de este tema**, y todos tus avances quedan registrados y se reflejan en el ranking.

¡Supera tus límites con MADTEST!

Solución al test n.º 21

1. a) Ha invadido su zona íntima, reservada solo para personas muy cercanas emocionalmente, generando sensación de amenaza.

2. c) La retroalimentación mediante la reformulación para comprobar su comprensión del mensaje emitido.

3. b) En la descodificación, ya que el mensaje no ha sido codificado acorde al nivel cognitivo y léxico del destino.

4. a) Estilo pasivo, ya que apacigua a los demás evitando conflictos a toda costa, renunciando a sus propios derechos.

5. b) Una oposición asertiva o aserción negativa.

6. c) Tensión, actitud a la defensiva o que la situación le asusta y no está a gusto.

7. c) Estilo paternalista.

8. b) Actitud facial y corporal especular.

9. b) El paralenguaje.

10. b) Un equipo de trabajo.

11. b) Reforzar al interlocutor para que se sienta escuchado y continúe su discurso.

12. a) Separar persona-proceso-problema.

13. c) Dar falsas seguridades que transmiten inseguridad y deseo de no ser molestado.

14. c) De forma sumisa.

15. b) El componente cognoscitivo.

16. b) Fase previa del periodo precrítico.

17. a) Proporcionar apoyo y contención.

18. b) Reacción conmoción-inhibición-estupor.

19. c) Simplicidad.

20. b) Un cuadro de tensión por el esfuerzo mental para sobrevivir a la situación.

TEST N.º 22

Asepsia y esterilización. Concepto de sepsis, antisepsia, esterilización y desinfección. Manejo de materiales estériles. Papel del técnico en emergencias. Mantenimiento en la limpieza y desinfección del vehículo y material sanitario. Precauciones para el control de las infecciones. Gestión de residuos sanitarios. Tipos de aislamiento. Protección y prevención de riesgos para el personal sanitario

1. El conjunto de técnicas con agentes físicos que garantizan la ausencia de materia séptica o microorganismos infecciosos, tanto en superficie como en profundidad, de los materiales expuestos o de los seres vivos se denomina:

a) Antisepsia.
b) Asepsia.
c) Esterilización.
d) Todas son ciertas.

2. Hablamos de infestación cuando:

a) Se produce una invasión y entrada en el organismo de agentes extraños vivos.
b) Se produce una invasión y entrada en el organismo de agentes extraños muertos.
c) Se produce una invasión y entrada en el organismo de agentes parasitarios.
d) Se activa el sistema inmune.

3. Realizamos una DAN cuando el agente que estamos usando es activo frente a:

a) Bacilos de Koch.
b) Esporas.
c) Virus lipídicos de tamaño medio.
d) Todas son ciertas.

4. Entre las ventajas de la povidona yodada no encontramos que:

a) Disminuya la toxicidad.
b) Aumente la actividad germicida.

c) Se inactive ante materia orgánica.
d) Disminuya el poder irritativo del yodo.

5. El mecanismo de acción de los fenoles se basa en:

a) La desnaturalización proteica.
b) La acción alquilante.
c) Destrucción de la pared bacteriana.
d) Alteración del ARNm.

6. Según Spaulding, el material que debe requerir una asepsia total se denomina:

a) Crítico.
b) No crítico.
c) Semicrítico.
d) Emergente.

7. La esterilización mediante radiaciones ionizantes usa varios tipos de radiaciones entre las que no está:

a) Gamma.
b) Beta.
c) Alfa.
d) Ultravioleta.

8. El personal asignado a esterilización deberá pasar por medicina preventiva y vacunarse de:

a) El tétanos.
b) La triple vírica.
c) HvB.
d) No hace falta tener ninguna vacunación para entrar en esterilización.

9. Dependiendo de las condiciones de envasado y almacenamiento, la caducidad de la esterilidad será de mayor o menor tiempo; si usamos TYVEK el tiempo será de:

a) 2 meses.
b) 6 meses.
c) 12 meses.
d) 2 años.

10. ¿A cuál de los siguientes elementos se le realizará una esterilización?

a) Capuchones de otoscopio.
b) Pala de laringoscopio.
c) Fiador de laringoscopio.
d) Mascarilla de Fastrach.

11. Las paredes y los techos de la ambulancia han de limpiarse como mínimo:

a) Una vez al mes.
b) Cada semana.
c) Cada turno.
d) Solo cuando se ensucian.

12. La estructura externa del contenedor biosanitario de la ambulancia se limpiará con agua y jabón y luego se le dará con:

a) Hipoclorito de sodio.
b) Alcohol de 70º.
c) Alcohol de 50º.
d) Povidona yodada.

13. No es un postulado de Koch:

a) Debe aislarse el mismo microorganismo de las lesiones producidas en los animales inoculados.
b) Siempre debemos encontrar el microorganismo en la enfermedad.
c) Se reproduce la enfermedad al inocular un cultivo puro a un animal susceptible.
d) El microorganismo no debe dar lugar a una respuesta inmune detectable en laboratorio.

14. La capacidad para dar lugar a una enfermedad se denomina:

a) Virulencia.
b) Patogenicidad.
c) Contagiosidad.
d) Infectividad.

15. No es un mecanismo de transmisión directa:

a) Mordeduras.
b) Por los alimentos.
c) Arañazo.
d) Transmisión aérea.

16. Se considera que en la práctica clínica el principal vehículo de transmisión de microorganismos es:

a) El aire.
b) Los fómites.
c) Las manos.
d) La sangre.

17. Los guantes no tienen que cambiarse:

a) Entre pacientes.
b) Entre áreas contaminadas y no contaminadas.
c) Entre comidas.
d) Al terminar una herida e iniciar otro proceso con el paciente.

18. No es una medida de precaución estándar:

a) Lavarse las manos antes y después de entrar en contacto con cada paciente.
b) Emplear mascarillas, gafas de protección, batas y otras barreras necesarias para evitar salpicaduras de los fluidos.
c) No es necesario tomar precauciones especiales con esfigmomanómetros, termómetros, efectos personales y vajilla.
d) Todas son medidas de precaución estándar.

19. Según la clasificación clásica podemos encontrar:

a) Aislamiento estricto, respiratorio y entérico.
b) Aislamiento primario, secundario y general.
c) Aislamiento básico, específico y general.
d) Aislamiento propio o general.

20. En el aislamiento entérico consideraremos material contaminante:

a) Orina.
b) Sangre.
c) Vómitos.
d) Todas son ciertas.

En MADTEST tienes **más preguntas de este tema**, y todos tus avances quedan registrados y se reflejan en el ranking.

¡Supera tus límites con MADTEST!

Solución al test n.º 22

1. b) Asepsia.

2. c) Se produce una invasión y entrada en el organismo de agentes parasitarios.

3. d) Todas son ciertas.

4. c) Se inactive ante materia orgánica.

5. a) La desnaturalización proteica.

6. a) Crítico.

7. c) Alfa.

8. a) El tétanos.

9. c) 12 meses.

10. d) Mascarilla de Fastrach.

11. a) Una vez al mes.

12. a) Hipoclorito de sodio.

13. d) El microorganismo no debe dar lugar a una respuesta inmune detectable en laboratorio.

14. b) Patogenicidad.

15. b) Por los alimentos.

16. c) Las manos.

17. c) Entre comidas.

18. d) Todas son medidas de precaución estándar.

19. a) Aislamiento estricto, respiratorio y entérico.

20. c) Vómitos.

TEST N.º 23

Sistemas de comunicación con un centro coordinador sanitario: formas y medios de transmisión. Procedimientos de comunicación radiofónica y telefónica. Lenguaje radiofónico: características y códigos establecidos

1. Usted se encuentra de guardia y su unidad es activada para un "Código Infarto". Inicia la marcha hacia el lugar. ¿Qué código de es-tado (Status) debe transmitir en ese preciso instante para que el sistema comience a contabilizar el tiempo de respuesta?

a) Status A (Activación).
b) Status C (En camino).
c) Status R (Recibí y Salida).
d) Status E (En servicio).

2. Al recibir una activación para una emergencia vital (Prioridad A1) en zona urbana, ¿cuál es el tiempo de respuesta objetivo que su unidad debe intentar cumplir según los indicadores de calidad del 061?

a) Inferior a 8 minutos.
b) Inferior a 10 minutos.
c) Inferior a 15 minutos.
d) Inferior a 30 minutos.

3. Durante la aproximación a un domicilio, pierde la señal GPS al en-trar en un túnel largo. Sin embargo, el CCU sigue viendo su movi-miento en el mapa. ¿Qué tecnología permite esto?

a) La triangulación por antenas de radio comercial.
b) El módulo inercial (IMU) que calcula la posición estimada según velocidad y giro.
c) La conexión wifi del túnel.
d) El sistema eCall del vehículo.

4. Su unidad de Soporte Vital Básico inicia el traslado de un paciente crítico y se cita en un punto intermedio pre acordado con una UME para medicalizar la asistencia. ¿Cómo se denomina esta estrategia lo-gística?

a) Sistema de niveles escalonados.
b) Estrategia de Rendez-vous.
c) Sistema de noria de evacuación.
d) Transferencia en ruta diferida.

5. Al llegar al lugar de un accidente de tráfico (Status E), usted con-firma que hay víctimas atrapadas. Como primer interviniente, ¿qué información es prioritaria transmitir al CCU para dimensionar la respuesta?

a) La filiación completa de los heridos.
b) El número de matrícula de los vehículos.
c) La necesidad de descarcelación y gravedad aproximada.
d) Los datos del seguro del conductor.

6. Usted debe deletrear por radio el apellido "YEPES". Según el códi-go ICAO estandarizado en el manual, ¿cuál es la secuencia correcta?

a) Yute – España – Portugal – España – Sevilla.
b) Yankee – Echo – Papa – Echo – Sierra.
c) Yankee – Eco – Papa – Eco – Soria.
d) Yogurt – Echo – Peter – Echo – Sierra.

7. En la gestión de una catástrofe (IMV), el CCU le asigna al "Canal Táctico". ¿Qué tipo de comunicación debe realizar por esta malla?

a) Coordinación con Bomberos y Policía exclusivamente.
b) Comunicación con el Mando Sanitario y asignación de hospital de destino.
c) Petición de suministros de comida.
d) Comunicación exclusiva con el Jefe de Dispositivo In Situ.

8. Tras finalizar la transferencia de un paciente con sospecha de me-ningitis (infecto-contagiosa), ¿cuál es el procedimiento correcto antes de pulsar Status D (Disponible)?

a) Pulsar D inmediatamente y limpiar en base.
b) Solicitar permiso para ir a comer.
c) Realizar ventilación y desinfección de la unidad, manteniéndose fuera de servicio hasta finalizar el protocolo.
d) Pulsar Status D y abrir las ventanas durante el regreso.

9. Recibe un aviso con la indicación "Paciente Agitado". Según el pro-tocolo, ¿qué acción es obligatoria tras la activación (Status A) y antes de intervenir?

a) Preparar sedantes en la cabina.
b) Recabar siempre la presencia de Agentes del Orden Público (Pro-tocolo cerrado).
c) Entrar rápidamente para evitar que se ponga más nervioso.
d) Esperar a que el paciente llame de nuevo.

10. ¿Cuál es el tiempo máximo de llegada al centro emisor establecido para un Transporte Interhospitalario (TIH) Urgente?

a) 15 minutos.
b) 20 minutos.
c) 30 minutos.
d) 60 minutos.

11. Si su unidad sufre una avería mecánica que le impide continuar la marcha durante un servicio. ¿Qué debe hacer inmediatamente?

a) Llamar a la grúa de su seguro particular.
b) Intentar repararla sin avisar para no molestar.
c) Comunicar al Médico Regulador del CCU la incidencia para ges-tionar el transbordo y pasar a inoperativo.
d) Pulsar Status D.

12. En el sistema de comunicaciones TETRA de la red de emergencias, ¿qué función permite el "Botón de Emergencia" del terminal?

a) Apagar el equipo remotamente.
b) Enviar una señal de prioridad absoluta que abre el micrófono y desplaza otras llamadas.
c) Solicitar comida a la base.
d) Cambiar a frecuencia de radio comercial.

13. Usted está transmitiendo la tensión arterial "120/80". Para garan-tizar la cla-ridad según las normas de radiofonía, debe decir:

a) "Ciento veinte, ochenta".
b) "Uno-dos-cero, sobre ocho-cero".
c) "Doce cero, ocho cero".
d) "Tensión normal".

14. ¿Qué código de estado (Status) debe pulsar cuando el paciente ya está a bordo de la ambulancia y comienza el desplazamiento hacia el hospital?

a) Status A.
b) Status E.

c) Status C.
d) Status B.

15. En un Incidente de Múltiples Víctimas, si usted es el primer recurso en llegar, el equipo asume automáticamente la función de:

a) Equipo de evacuación rápida.
b) Mando Sanitario Provisional.
c) Equipo de rescate técnico.
d) Hospital de campaña.

16. Para confirmar la ubicación exacta por radio, usted deletrea la ca-lle "ALAVA". ¿Cuál es la forma correcta?

a) Alicante – Lugo – Alicante – Valencia – Alicante.
b) Alfa – Lima – Alfa – Victor – Alfa.
c) Antonio – Luis – Antonio – Víctor – Antonio.
d) Alfa – López – Alfa – Viso – Alfa.

17. El sistema eCall realiza una llamada automática al 112 en caso de accidente grave. ¿Qué dato crítico transmite incluso si los ocupantes están inconscientes?

a) El historial médico de los ocupantes.
b) La geolocalización exacta del siniestro.
c) El número de póliza de seguro.
d) La velocidad del impacto.

18. ¿Qué significa el código de prioridad "A2" en la asignación de un servicio?

a) Emergencia vital inminente (<15 min).
b) Urgencia no demorable (<30 min) sin riesgo vital inmediato.
c) Traslado programado.
d) Transporte colectivo.

19. Durante la conducción hacia una emergencia (Status R), el médico le pide que solicite al CCU información sobre si hay armas en el lugar. ¿A qué fase de la gestión de la demanda corresponde esta acción?

a) Fase de Regulación.
b) Fase de Aproximación (Recabado de información).
c) Fase de Transferencia.
d) Fase de Cierre.

20. Si su emisora sufre interferencias por "ruido ambiental" en la escena, ¿qué técnica de corrección debe aplicar?

a) Gritar más fuerte.
b) Usar el código ICAO para deletrear palabras clave y redundar la información.
c) Apagar la radio.
d) Hablar más rápido para acabar antes.

En MADTEST tienes **más preguntas de este tema**, y todos tus avances quedan registrados y se reflejan en el ranking.

¡Supera tus límites con MADTEST!

Solución al test n.º 23

1. c) Status R (Recibí y Salida).

2. c) Inferior a 15 minutos.

3. b) El módulo inercial (IMU) que calcula la posición estimada según velocidad y giro.

4. b) Estrategia de Rendez-vous.

5. c) La necesidad de descarcelación y gravedad aproximada.

6. b) Yankee – Echo – Papa – Echo – Sierra.

7. b) Comunicación con el Mando Sanitario y asignación de hospital de destino.

8. c) Realizar ventilación y desinfección de la unidad, manteniéndose fuera de servicio hasta finalizar el protocolo.

9. b) Recabar siempre la presencia de Agentes del Orden Público (Protocolo cerrado).

10. c) 30 minutos.

11. c) Comunicar al Médico Regulador del CCU la incidencia para gestionar el transbordo y pasar a inoperativo.

12. b) Enviar una señal de prioridad absoluta que abre el micrófono y desplaza otras llamadas.

13. b) "Uno-dos-cero, sobre ocho-cero".

14. c) Status C.

15. b) Mando Sanitario Provisional.

16. b) Alfa – Lima – Alfa – Victor – Alfa.

17. b) La geolocalización exacta del siniestro.

18. b) Urgencia no demorable (<30 min) sin riesgo vital inmediato.

19. b) Fase de Aproximación (Recabado de información).

20. b) Usar el código ICAO para deletrear palabras clave y redundar la información.

TEST N.º 24

**Estructura funcional, características, funcionamiento
y recursos de los centros de coordinación de emergencias
y de los centros de regulación médica**

1. Inicia su turno como Operador de Demanda en el 1-1-2 y un ciudadano llama alterado. Para comenzar a introducir los datos de la emergencia en el sistema informático, ¿qué módulo específico de la plataforma ECHO debe utilizar como interfaz de trabajo principal?

a) El módulo de Mando y Control (MC).
b) El módulo de Atención de Llamadas (ALL).
c) El Sistema de Información Geográfica (GIS).
d) El módulo de Telefonía Analógica PMR.

2. Durante la recepción de una alerta por un accidente de tráfico múltiple en la A7, usted empieza a recibir decenas de llamadas de distintos conductores informando del mismo suceso. Operativamente, su acción en el sistema informático debe ser:

a) Crear un expediente nuevo por cada llamada para engordar la estadística.
b) Bloquear la centralita para evitar la saturación de líneas.
c) Asociar todas las nuevas llamadas al "Incidente Padre" ya creado.
d) Transferir todas las llamadas directamente al teléfono móvil de la UME.

3. Al llegar al Centro Coordinador, los ordenadores y terminales de radio están bloqueados por seguridad. Para acceder a su sesión de trabajo en el sistema y asegurar la trazabilidad de todo lo que usted registre, deberá autenticarse a través de:

a) La pasarela de control de accesos corporativa (Sésamo).
b) El canal 05 de la red RADIECARM.
c) La centralita del Hospital Virgen de la Arrixaca.
d) El número de matrícula de su vehículo particular.

4. Recibe un aviso telefónico de una persona mayor que ha sufrido una caída en su domicilio y no puede levantarse para abrir la puerta de la calle. El Médico Regulador autoriza el envío de una ambulancia. ¿Qué protocolo predefinido deberá activar el operador en la matriz de despacho para resolver el acceso al domicilio?

a) El Protocolo PAP.
b) El Código Rojo.
c) El Protocolo PAB (Bomberos).
d) El Código Ictus.

5. Conduce la UME hacia un aviso de psiquiatría. El CCU le informa de que el paciente sufre una crisis de agitación psicomotriz extrema, aunque está dentro de su domicilio. Al aproximarse a la calle del paciente, su acción preventiva más inmediata desde el puesto de conducción será:

a) Activar la sirena acústica al máximo volumen para intimidar al paciente.
b) Desactivar las señales acústicas y valorar apagar los rotativos luminosos para no sobre estimular al paciente.
c) Aparcar bloqueando la puerta del domicilio para que no escape.
d) Entrar corriendo al domicilio con la camilla antes de que llegue la policía.

6. Llega a la puerta de las Urgencias del hospital con un paciente psiquiátrico que viaja en la ambulancia bajo contención mecánica y escoltado por una patrulla de la Policía Nacional. Al abrir las puertas traseras, su obligación como TES es:

a) Retirar inmediatamente la contención mecánica antes de bajar la camilla.
b) Dejar al paciente solo en el pasillo mientras los agentes aparcan su vehículo.
c) Mantener al paciente en la camilla de la ambulancia hasta que los agentes estén a su lado dispuestos a custodiarlo en el interior del hospital.
d) Pedir a los familiares que se hagan cargo de la vigilancia en la sala de espera.

7. Durante un traslado secundario de un lactante con laringitis grave (crup), el pediatra del hospital emisor le indica que el niño tiene "estridor moderado y retracciones escasas". Si usted consultara la documentación anexa a los protocolos de transporte pediátrico, sabría que el facultativo ha valorado la obstrucción de la vía aérea alta utilizando:

a) La Escala de Glasgow.
b) El Score de Malinas.
c) El algoritmo START.
d) La Escala de Taussig.

8. En el transcurso de un traslado prolongado por carretera secundaria, el asfalto en mal estado genera una vibración mecánica de baja y alta frecuencia en el interior de la ambulancia. Para evitar que el paciente politraumatizado sufra repercusiones fisiológicas y poder leer bien el ECG, usted activará:

a) El sistema de aire acondicionado en modo recirculación.
b) La amortiguación de la mesa de la camilla flotante.

c) Los rotativos luminosos estroboscópicos.
d) La fijación rígida de la silla de evacuación.

9. Inicia un traslado primario con una gestante de 38 semanas que ha roto aguas. Para prevenir el síndrome de hipotensión supina causado por la compresión del útero sobre la vena cava inferior, la acomodará en la camilla preferiblemente en:

a) Decúbito supino estricto.
b) Posición de Trendelenburg invertido.
c) Decúbito lateral izquierdo.
d) Decúbito prono.

10. Usted es el Técnico en la cabina asistencial de la UME. Al inicio del turno (08:00 h) y sin que haya entrado ningún aviso, comienzan el proceso de relevo. Según el protocolo de "Relevo de Guardia", la primera acción a realizar en el habitáculo, asumiendo que el equipo saliente ya la ha limpiado, es:

a) Conducir la ambulancia hasta la gasolinera.
b) El intercambio verbal de novedades entre los miembros del equipo saliente y el entrante.
c) Cumplimentar el parte de cobro a terceros.
d) Cambiar la botella de oxígeno principal, aunque esté llena.

11. El sistema de telemetría eCall de un turismo se activa tras un impacto frontal. En la pantalla del operador del 112 se despliega el MSD (Minimum Set of Data). Además de las coordenadas GPS exactas, este paquete de datos automático le proporcionará una información vital para saber cuántas ambulancias movilizar. ¿Cuál es?

a) El grupo sanguíneo del conductor.
b) El número de cinturones de seguridad abrochados en el momento del impacto.
c) El historial de multas de tráfico del vehículo.
d) La imagen en vídeo del interior del habitáculo.

12. Está hablando por la emisora TETRA portátil con el Centro Coordinador desde el interior de un barranco. Para garantizar que el sistema digital enlace correctamente y no "se coma" la primera sílaba de su ubicación, usted debe pulsar el botón PTT y:

a) Hablar de forma inmediata y muy rápida.
b) Esperar un segundo antes de comenzar a hablar.
c) Soltarlo justo antes de pronunciar la última palabra.
d) Pulsarlo de forma intermitente simulando código Morse.

13. A bordo del helicóptero sanitario, necesita indicar al piloto la posición de un tendido eléctrico peligroso utilizando la "Técnica del Reloj". Si el obstáculo se encuentra exactamente a la derecha de la aeronave (a 90 grados del morro), usted le indicará:

a) "Obstáculo a las 12".
b) "Obstáculo a las 6".

c) "Obstáculo a las 3".
d) "Obstáculo a las 9".

14. Un paciente ha sido atendido por la UME en su domicilio. El médico le ha retirado un anillo y una cartera para poder realizar una vía venosa y un ECG de forma segura. Siguiendo el "Procedimiento de Objetos Personales", ¿qué profesional es el encargado de pegar la bolsa en la camilla y depositar los enseres dentro?

a) El TES Conductor de forma exclusiva.
b) El Celador de base.
c) El Policía Local actuante.
d) El Enfermero de la UME.

15. Es el TES conductor de una UME de base hospitalaria. Comienza su turno a las 08:00 h y observa que el indicador de combustible marca el 75% (3/4 de depósito). Según su manual de funciones, usted debe:

a) Esperar a que llegue a reserva (reserva de emergencia).
b) Repostar combustible a primera hora de la guardia para asegurar el 100% de operatividad.
c) Dejar el repostaje para el final del turno, cediéndoselo al compañero entrante.
d) Repostar únicamente si entra un aviso de larga distancia.

16. Como Operador de Respuesta en el 112, un médico le indica que va a dar un "Consejo Médico" telefónico a un ciudadano con dolor de garganta y que no movilice ninguna ambulancia. Este modo de funcionamiento (resolución sin recurso) es una característica propia y diferencial de:

a) Un Centro de Despacho tradicional.
b) Un Centro de Regulación Médica (Modelo 061).
c) Una centralita de taxis.
d) El Puesto de Mando Avanzado de Bomberos.

17. Atiende una llamada donde el ciudadano, al otro lado de la línea, se encuentra en la fase de "Disparo" de la Curva de Hostilidad, gritando por la supuesta tardanza del recurso. La técnica de comunicación asertiva inicial recomendada en esta fase exacta es:

a) Interrumpirle bruscamente para pedirle la dirección.
b) Colgar el teléfono por insultos a la administración.
c) Mantener una escucha activa sin interrumpir, permitiendo el desahogo emocional.
d) Elevar nuestro tono de voz por encima del suyo para demostrar autoridad.

18. En el cierre de un incidente en la pantalla de la plataforma ECHO, el médico de la UME debe registrar el "Diagnóstico Principal" del paciente (por ejemplo, infarto agudo de miocardio) utilizando un sistema de códigos internacional estandarizado para permitir la explotación de datos de salud. Este sistema es:

a) El Código Q.
b) La Clasificación Internacional de Enfermedades (CIE).

c) El código de subtonos CTCSS.
d) El algoritmo de Despacho Automático.

19. Es usted el TES a cargo de la consola de comunicaciones CTI en el CCU. Entra una llamada de un ciudadano pidiendo auxilio y, simultáneamente, la ambulancia que se dirige al lugar le llama por la emisora TETRA pidiendo más datos. Para que el alertante hable directamente con el conductor de la ambulancia, usted ejecutará en la matriz de conmutación:

a) Una asociación de Carta de Llamada.
b) Un "parche" (patching) o pasarela de conferencia.
c) Un cambio a modo Scanner.
d) La activación del grupo electrógeno.

20. Trabaja en el CCU de Murcia. Para poder encontrar rápidamente el teléfono corporativo del médico de guardia de la Unidad de Cuidados Intensivos del hospital de referencia y avisarle de la llegada de un paciente crítico, usted consultará la base de datos interna denominada:

a) Servicio de Información Corporativa (S.I.C.).
b) Registro Civil Central.
c) Base de datos del sistema eCall.
d) Capa de isocronas del GIS.

En MADTEST tienes **más preguntas de este tema**, y todos tus avances quedan registrados y se reflejan en el ranking.

¡Supera tus límites con MADTEST!

255

Solución al test n.º 24

1. b) El módulo de Atención de Llamadas (ALL).

2. c) Asociar todas las nuevas llamadas al "Incidente Padre" ya creado.

3. a) La pasarela de control de accesos corporativa (Sésamo).

4. c) El Protocolo PAB (Bomberos).

5. b) Desactivar las señales acústicas y valorar apagar los rotativos luminosos para no sobreestimular al paciente.

6. c) Mantener al paciente en la camilla de la ambulancia hasta que los agentes estén a su lado dispuestos a custodiarlo en el interior del hospital.

7. d) La Escala de Taussig.

8. b) La amortiguación de la mesa de la camilla flotante.

9. c) Decúbito lateral izquierdo.

10. b) El intercambio verbal de novedades entre los miembros del equipo saliente y el entrante.

11. b) El número de cinturones de seguridad abrochados en el momento del impacto.

12. b) Esperar un segundo antes de comenzar a hablar.

13. c) "Obstáculo a las 3".

14. d) El Enfermero de la UME.

15. b) Repostar combustible a primera hora de la guardia para asegurar el 100% de operatividad.

16. b) Un Centro de Regulación Médica (Modelo 061).

17. c) Mantener una escucha activa sin interrumpir, permitiendo el desahogo emocional.

18. b) La Clasificación Internacional de Enfermedades (CIE).

19. b) Un "parche" (patching) o pasarela de conferencia.

20. a) Servicio de Información Corporativa (S.I.C.).

TEST N.º 25

Sistemas de localización geográfica. Herramientas de ubicación de sucesos, funciones de sistemas de ubicación geográfica (SIG). Herramientas de ubicación y seguimiento de flota: posicionamiento GPS

1. Su Unidad de Soporte Vital Avanzado (USVA) recibe un aviso clasificado por el CCU como prioridad A1. Mientras se dirigen al lugar, el navegador GPS recalcula la ruta por un accidente de tráfico. Según los estándares de gestión, el tiempo máximo de respuesta desde la activación hasta la llegada al lugar debe ser:

a) Inferior a 30 minutos, independientemente de los obstáculos del tráfico en el trayecto.
b) Inferior a 15 minutos, considerándose una patología tiempo-dependiente y crítica.
c) Inferior a 45 minutos, siempre que el paciente se mantenga monitorizado por teléfono.
d) Inferior a 20 minutos en áreas metropolitanas y 40 minutos en áreas rurales extremas.

2. Al recibir la carta de llamada en la pantalla de su Terminal de Datos Embarcado (MDT), usted procede a iniciar la marcha hacia el domicilio del paciente. En ese instante exacto, para garantizar la auditoría de tiempos, usted debe marcar en el sistema el:

a) Status A (Activado), que indica que el recurso ha sido seleccionado por el despachador.
b) Status E (En lugar), para que el CCU sepa que ya están gestionando el incidente.
c) Status R (Rumbo al lugar), que detiene el tiempo de alerta e inicia el tiempo de aproximación.
d) Status C (Camino al hospital), anticipando el traslado inminente del paciente crítico.

3. Tras estabilizar a un paciente politraumatizado, lo introducen en la ambulancia e inician el movimiento hacia el hospital de referencia. El conductor debe actualizar el estado en la pantalla táctil pulsando:

a) Status D (Destino), informando al hospital que están a punto de llegar a sus urgencias.
b) Status E (En lugar), confirmando que el paciente ya está seguro dentro de la unidad.

c) Status C (Camino al hospital), registrando el inicio del transporte secundario y tiempos de isquemia.

d) Status B (Base), indicando que el equipo ya ha finalizado la asistencia en la vía pública.

4. Llegan a un domicilio para atender una parada cardiorrespiratoria. Justo al detener el motor de la ambulancia y antes de bajar con el monitor desfibrilador, usted pulsa el Status E (En lugar) en el terminal. ¿Qué implicación directa tiene esta acción en el sistema CAD del CCU?

a) Cierra administrativamente el incidente y libera la ambulancia para otros avisos.

b) Marca el fin de la crona del tiempo de respuesta y el inicio del tiempo de asistencia in situ.

c) Transfiere automáticamente la historia clínica del paciente a los terminales de urgencias.

d) Inicia el protocolo de geocodificación inversa para confirmar la calle y el portal exacto.

5. Finalizan la transferencia de un paciente con sospecha de meningitis en el box de aislamiento del hospital (Status D). Antes de poder marcar el Status B (Base/Operativo) e informar al CCU que están disponibles para otra urgencia, es imperativo:

a) Repostar combustible si el nivel del depósito es inferior a tres cuartos de su capacidad.

b) Proceder a la exhaustiva desinfección del habitáculo y equipos por riesgo biológico.

c) Descargar la actualización de cartografía del navegador GPS a través de la red 5G.

d) Realizar una calibración manual del sistema AVL para evitar errores de posicionamiento.

6. Se dirige a un aviso urbano de prioridad A2 (urgencia no vital) y observa que la ruta propuesta por su navegador GPS incluye calles estrechas que no le permiten el paso. Si el sistema CAD del CCU funcionara de forma óptima, este error se debe a que:

a) El GPS de la ambulancia está perdiendo la señal de corrección diferencial EGNOS.

b) El análisis de redes (Routing) no tiene configurado el perfil de "vehículo de emergencia".

c) El sistema está aplicando un álgebra de mapas basada en geometría ráster en lugar de vectorial.

d) El despachador ha introducido las coordenadas en el obsoleto sistema de referencia ED50.

7. Durante un Incidente de Múltiples Víctimas (IMV) por colisión múltiple, usted debe notificar por radio al CCU la ubicación exacta del Puesto de Carga de Ambulancias, ya que no hay calles de referencia. Para evitar errores de desplazamiento en la cartografía del 112, sus coordenadas deben estar en el Datum:

a) ED50, ya que es el sistema estandarizado para la coordinación de recursos militares y civiles.

b) ETRS89, que es el sistema geodésico de referencia oficial y normativo en España.

c) WGS84, pero aplicando una declinación magnética manual de 30 metros al sur.

d) UTM50, garantizando así la invarianza espacial frente a las distorsiones ionosféricas.

8. En el transcurso de un despliegue por catástrofe natural, las redes civiles de telefonía móvil (GPRS/4G/5G) colapsan por saturación. Para asegurar que la posición AVL de su unidad sigue llegando al CCU y poder comunicarse con el Puesto de Mando Avanzado, el sistema conmutará a:

a) La red digital troncal TETRA, que es independiente, encriptada y exclusiva para emergencias.

b) La red satelital GLONASS, utilizando su canal civil para enviar mensajes de texto ASCII.

c) El protocolo NMEA 0183 sobre una banda de radiodifusión analógica de frecuencia modulada.

d) El sistema SBAS europeo, utilizando los transpondedores de rescate del sistema Galileo.

9. Al conducir por un área de cañón urbano (calles muy estrechas con edificios altos), nota que el icono de su ambulancia en el navegador da "saltos" hacia calles adyacentes. Este error posicional del GPS se debe a:

a) La disponibilidad selectiva (SA) introducida intencionadamente por el Departamento de Defensa.

b) El retardo troposférico que frena las ondas electromagnéticas al atravesar nubes densas.

c) El efecto multitrayectoria (Multipath), donde la señal rebota en las fachadas antes de llegar a la antena.

d) Una mala actualización de las efemérides en el mensaje de navegación del satélite.

10. Su equipo debe atender un derrame tóxico en una zona industrial. El CCU le informa por el terminal que están a punto de entrar en la "zona de influencia" del gas. ¿Qué función analítica del SIG ha empleado el CCU para calcular este perímetro circular alrededor de la fábrica?

a) El análisis de redes o Routing con restricciones operativas dinámicas.

b) La generación de un área de influencia paramétrica también conocida como Buffering.

c) El cálculo de isócronas de 15 minutos basadas en las barreras del tráfico real.

d) El álgebra de mapas booleana cruzando el modelo digital de elevaciones.

11. Tras un rescate en montaña en una zona sin cobertura de repetidores móviles ni antenas terrestres, las ambulancias y el equipo de rescate deben coordinarse por radio entre sí a corta distancia. Para lograrlo, los equipos TETRA deben configurarse en:

a) Modo Troncal (TMO), para que los satélites enruten la señal al Centro Coordinador.

b) Modo Directo (DMO), actuando como walkietalkies independientes (simplex) sin repetidor.

c) Modo de Red Privada Virtual (VPN) utilizando el APN corporativo del servicio de salud.

d) Modo de Geocodificación Inversa, para triangular sus posiciones relativas.

12. El Centro Coordinador está organizando la respuesta ante un IMV en el centro de la ciudad. El operador visualiza en una única pantalla la ubicación de bomberos, policía, incidentes activos y las UVI móviles en tiempo real. Esta herramienta del SIG integrado en el CAD se denomina:

a) Infraestructura de Datos Espaciales (IDE) de acceso libre.

b) Sistema de Localización Automática de Vehículos (AVL) bidireccional.

c) Vista Unificada Operacional (COP - Common Operational Picture).

d) Modelo Digital de Elevaciones (MDE) de resolución submétrica.

13. Conduce una USVA equipada con un receptor GPS convencional realizando "posicionamiento absoluto". Para que el dispositivo pueda calcular correctamente sus coordenadas tridimensionales (Latitud, Longitud y Altitud) y corregir el error de su reloj interno, necesita recibir señal simultánea de un mínimo de:

a) Tres satélites, siempre que formen un ángulo de 90 grados entre ellos.

b) Cuatro satélites, para resolver el sistema de ecuaciones de cuatro incógnitas.

c) Seis satélites, distribuidos equitativamente en la bóveda celeste.

d) Dos satélites geostacionarios europeos y dos satélites orbitales americanos.

14. Una ambulancia inicia un traslado prioritario (A1) por Código Infarto. El equipo asistencial transmite telemáticamente un electrocardiograma (ECG) al hospital de destino desde la Tablet PC. Para garantizar el valor pericial y legal de este envío, el sistema AVL/NMEA incrusta obligatoriamente:

a) La firma electrónica del médico regulador del centro coordinador en cada trazado.

b) La altitud elipsoidal y el grado de Dilución de Precisión (DOP) de la antena.

c) La marca de tiempo georreferenciada con el Tiempo Universal Coordinado (Mensaje ZDA).

d) Un análisis estadístico de la variabilidad del tráfico previsto mediante tecnología GPRS.

15. Se decreta una alerta por inundaciones. En el planeamiento logístico, se asigna la "Línea de Comunicación 4" en el entorno de la emergencia. Como TES operativo, usted sabe que este canal está reservado exclusivamente para:

a) La coordinación interna entre las diferentes ambulancias del Servicio Murciano de Salud.

b) El intercambio de información entre intervinientes de distintas agencias (sanitarios y bomberos).

c) La notificación directa de alertas desde el 112 a los dispositivos móviles de la población civil.

d) La transmisión de datos clínicos confidenciales entre la ambulancia y el hospital receptor.

16. Para mitigar el sesgo estadístico conocido como MAUP (Problema de la Unidad de Área Modificable) al delimitar artificialmente las isócronas sanitarias, el sistema SIG del CCU debe:

a) Operar estrictamente con coordenadas en formatos de grados, minutos y segundos.

b) Tratar los límites jurisdiccionales como "entidades intangibles" comprendiendo su variabilidad analítica.

c) Rasterizar completamente todas las redes de carreteras para priorizar el análisis visual.

d) Aplicar un algoritmo de compresión RLE sobre las zonas de exclusión biológica.

17. Llegan al punto de encuentro acordado con un helicóptero medicalizado (HEMS). El piloto necesita confirmación visual en tierra. Según los estándares internacionales, si el TES se coloca frente a la aeronave levantando ambos brazos verticalmente (en forma de Y), está indicando:

a) "No aterrice, eleve su posición inmediatamente".

b) "Necesitamos evacuación múltiple urgente".

c) "Afirmativo, todo bien / Aterrice aquí de forma segura".

d) "Necesitamos medicamentos y equipo de reanimación".

18. La UVI móvil que usted conduce opera bajo tecnología 5G para transmitir vídeo en tiempo real al neurólogo de guardia durante un "Código Ictus". Para evitar latencias que alteren el diagnóstico (ej. escala Cincinnati), el protocolo estandarizado mundial empleado para la compresión de este vídeo es:

a) El protocolo SIP (Session Initiation Protocol).

b) El formato ASCII a través de la banda S.

c) El códec de alta eficiencia H.264.

d) El estándar RTCM (Radio Technical Commission for Maritime Services).

19. Un equipo interviniente debe acceder a un terreno escarpado y dictar sus coordenadas al CCU usando la malla de radio de voz debido a la ausencia total de pantallas de datos. La forma correcta y protocolizada de dictar la latitud "38º 14' N" por radio es:

a) "Treinta y ocho grados, catorce minutos norte".

b) "Tres-ocho-grados, uno-cuatro-minutos-norte".

c) "Trescientos ochenta y un grados con cuatro minutos norte".

d) "Treinta y ocho latitud positiva, fracción catorce".

20. Al finalizar el traslado de un paciente que presentaba un cuadro agresivo y agitado con contenciones mecánicas, usted documenta la asistencia. Según el concepto de "Movilidad Segura" y factores humanos, el riesgo de sufrir un accidente de tráfico in itinere o en misión aumenta considerablemente debido a:

a) El efecto multitrayectoria que sufren las señales de radio en las inmediaciones del hospital.

b) La fatiga psíquica y el estrés emocional derivado de la asistencia traumática recién realizada.

c) El balanceo de carga automático que realiza el router dual-SIM de la ambulancia.

d) La alteración del índice DOP satelital provocado por el blindaje de la sala de urgencias.

En MADTEST tienes **más preguntas de este tema**, y todos tus avances quedan registrados y se reflejan en el ranking.

¡Supera tus límites con MADTEST!

Solución al test n.º 25

1. b) Inferior a 15 minutos, considerándose una patología tiem-po-dependiente y crítica.

2. c) Status R (Rumbo al lugar), que detiene el tiempo de alerta e ini-cia el tiempo de aproximación.

3. c) Status C (Camino al hospital), registrando el inicio del transporte secundario y tiempos de isquemia.

4. b) Marca el fin de la crona del tiempo de respuesta y el inicio del tiempo de asistencia in situ.

5. b) Proceder a la exhaustiva desinfección del habitáculo y equipos por riesgo biológico.

6. b) El análisis de redes (Routing) no tiene configurado el perfil de "vehículo de emergencia".

7. b) ETRS89, que es el sistema geodésico de referencia oficial y normativo en España.

8. a) La red digital troncal TETRA, que es independiente, encriptada y exclusiva para emergencias.

9. c) El efecto multitrayectoria (Multipath), donde la señal rebota en las fachadas antes de llegar a la antena.

10. b) La generación de un área de influencia paramétrica también co-nocida como Buffering.

11. b) Modo Directo (DMO), actuando como walkie-talkies indepen-dientes (simplex) sin repetidor.

12. c) Vista Unificada Operacional (COP - Common Operational Pic-ture).

13. b) Cuatro satélites, para resolver el sistema de ecuaciones de cuatro incógnitas.

14. c) La marca de tiempo georreferenciada con el Tiempo Universal Coordinado (Mensaje ZDA).

15. b) El intercambio de información entre intervinientes de distintas agencias (sanitarios y bomberos).

16. b) Tratar los límites jurisdiccionales como "entidades intangibles" comprendiendo su variabilidad analítica.

17. c) "Afirmativo, todo bien / Aterrice aquí de forma segura".

18. c) El códec de alta eficiencia H.264.

19. b) "Tres-ocho-grados, uno-cuatro-minutos-norte".

20. b) La fatiga psíquica y el estrés emocional derivado de la asistencia traumática recién realizada.